変見自在セレクション

韓国への絶縁状

髙山正之

新潮社

はじめに

米国人の中にもたまにモノが見える人がいる。ジョージ・ケナンもその一人だ。米国が朝鮮戦争に巻き込まれ、共産主義勢力に追い立てられる状況に陥ったときに彼はこう書いている。

「米国が日本を中国、満洲、朝鮮半島から駆逐した結果は賢明な人々が警告した通りになった」「今日、我々はほとんど半世紀にわたってこの地域で日本が担《にな》ってきた問題と責任を引き継ぐことになった」

引き継いだ途端、朝鮮人同士が殺し合いを始めた。米国は五十万将兵を送り込み三年、鎮圧に努めたものの朝鮮人二百二十万、米軍四万が死に、彼らが言う「日帝支配」に確かにあった秩序も豊かさも永遠に失ってしまった。

「朝鮮半島で我々が陥った不幸な事態は我々が日本をまったく理解せず、ただ日本を追い落とすことだけに固執したことへの皮肉な罰と認めざるを得なかった」

白人の思い上がりと人種偏見から引き起こした日米戦争は間違っていた、朝鮮戦争での四万を超す米兵の戦傷死はその誤りへの罰だったとケナンは言っている。

朝鮮半島だけではない。五族協和を実現した満洲国は殺戮と略奪で廃墟と化し、中国本土は共産党による二度のジェノサイド即ち大躍進と文化大革命で荒廃した。

日本は多くの命を失ったが、それによって白人の植民地帝国主義に速やかに引導を渡しアジアを解放した。民族自決の波は遠くアフリカにも及び、世界で百を超える独立国家が生まれた。人類の歴史から見れば欧州の片隅で起きたルネッサンスなどとは比較にならない大いなる偉業だった。

それともう一つ。日本にとっての細やかな幸せがある。朝鮮と手が切れたことだ。

この国はまだ何やかや纏《まと》わりついてくるが、もはや内鮮一体のしがらみは解消できた。日本は自由にあの国との付き合いをやめ、国交も絶てる自由を得たのだ。

あの国は関わった国をみな不幸にする特性をもつ。

例えば白村江《はくすきのえ》の戦いだ。発端は新羅《しらぎ》にやられた百済《くだら》が助けを求めてきた。日本が出ていったら新羅でなく唐の軍勢が待っていた。日本は唐と戦い、大負けした。

朝鮮人は自分たちの戦いまで他国に押し付ける。ケナンが嘆いた朝鮮戦争も最初は北と南の争いだった。やられた南が米国に泣きつき、北は中国にすがった。気が付いたときは米中戦争になっていた。

戦争を他国に押し付けて暇になった南は李承晩《りしょうばん》ラインを引いて竹島を盗《と》り、日本漁船を奪って四十四人も殺した。

小狡《こずる》い癖にこの国は他所との戦争で勝った例《ためし》がない。いつも征服された。ただ、どの国も支配したがらなかった。唐は征服しながら都護府を維持できずに放り出して帰った。

先の大戦後、ソ連は北を取ったが、北方四島と違ってすぐ捨てた。後を任された毛沢東も早々に手を引いた。一刻も早くかかずらうのを終わらせたがっているように見えた。

例外は日本だった。セオドア・ルーズベルトは朝鮮の民族性を見抜いたのか国交を絶って「日本が背負うべき重荷」と言って押し付けてきた。

人の好い日本はこの国をまともにしようと内鮮一体、つまり併合して電気を灯《とも》し鉄道を走らせ、学校を建てた。室町時代から何度教えてもできなかった灌漑《かんがい》設備も作ってやって、恐らく彼らの歴史の中では初めての安らぎと豊かさのある三十六年間を与えた。

「古代に棲《す》む」（古田博司筑波大教授）彼らの手を取って近代に導いてやった。

しかし、この国の民は好意を受けてもそれを悪意で返す「僻《ひが》み返し」を特性とした。

戦後、彼らは「日本と戦った連合国軍の一員」を名乗り、日本に戦時賠償と謝罪を要求した。まだまともだった野坂参三や鈴木茂三郎《もさぶろう》も立腹して要求を蹴った。

十年、放って置いたら謝罪も何もいらないからカネをくれと朴正熙《パクチョンヒ》が本音を言ってきた。払う筋もないが手切れ金のつもりで彼らの国家予算の倍を与えた。

しかし彼らはその後も纏わりついて僻み返しを続ける。大島桜と江戸彼岸を掛け合わせた染井吉野は「済州島が原産地だ」とか、日本刀も朝鮮人が生み出したとか。今でも韓国陸軍は鍛鉄《たんてつ》の日本刀を軍刀にしている。

朝日新聞の入れ知恵で売春婦は性奴隷だとも言い始め、売春婦の像を街角に建てて喜んでいる。僻み心には恥が入る余地がない。

今は戦前、日本に出稼ぎにきた者が「強制連行されて賃金は未払いだ」と売春婦以上の嘘《うそ》を申し立て、最高裁までお囃子方に回って日本企業からカネをせびろうとしている。

そんな国柄をあれこれ書くだけで筆が汚れるような気がするし、気分がいがらっぽくなる。週刊新潮連載の「変見自在」はおかげさまで八百回を超えたが、そういう事情もあって、あの国のことはずっと敬遠してきた。それでもあの国を真に理解するためにどうしても避けられないと思って綴ったコラムが三十本を超えていた。

あの国にどう対応するか、というか、いつ国交を絶つかを考える材料になれば幸甚《こうじん》だし、苦しんで書いた意味もあったというものだ。

二〇一九年二月

高山正之

装画　山田　紳
装幀　新潮社装幀室

韓国への絶縁状　変見自在セレクション

目次

はじめに
第一章　日韓関係を正しい歴史で知る――13
南北が統一できない本当の理由
朝日の記事では正しい日韓関係は学べない
日本が韓国で果たした本当の役割
恩義を忘れる悲しい国
ロス暴動と韓国人殺人鬼の関係
韓国人事務総長の罪
映画「大脱走」と「竹島の日」の数奇な関係
ゴミを垂れ流すのもいい加減にしろ
第二章　マネとパクリの偽物国家――55
通名と本名を使い分けるな

「剛腕政治家」の中身を解剖すると
どこまで日本の真似をする気か
ハングルは日本が教えた
朝鮮語を解剖して分かったこと
復興を妨げてきた在日
盗人がエラそうなことを言うな

第三章　恥を知らぬも程がある——87

韓国大統領は親子二代で日本にタカる
韓国旅行の前に必ずやっておくこと
反日ヒステリーのもとは「妄想」
朝日は「危ない韓国機」をなぜかばう
オランダ人の祖先は韓国人という説
産経ソウル支局長の「記者冥利」とは

韓国人はどうしてキレやすいのか
韓国人は旭日旗を振れ

第四章　朝日と韓国はこんなに似ている——123

朝鮮人軍属にもこんな立派な人物が
沖縄はなぜ韓国に似るのか
戦後七十年「安倍談話」を読み込む
日本人にあって韓国人に絶対ないもの
白人もウソをつく日韓の歴史
朝日と韓国はこんなに似ている
大統領が平気でウソをつく韓国の国民性

韓国への絶縁状

変見自在セレクション

第一章　日韓関係を正しい歴史で知る

南北が統一できない本当の理由

先日の朝日新聞に、羽田からのシャトル便でソウルに行ってとても楽しかったという加藤千洋《ちひろ》編集委員のコラムがあった。

向こうでは冬ソナに浮かれた日本人がいっぱいいて本屋でも塩野七生《ななみ》の翻訳本が大当たりして、こっちでもNHKの韓国語講座が大当たり。サッカーW杯共催以来、日韓の友好はもう過熱気味ですよと嬉《うれ》しそうに書く。

ただこのコラムが出る少し前に韓国の国会に反日法が再上程されている。日本統治に協力した者に国賊の烙印《らくいん》を押して歴史から抹殺するという、聞くだに性格の悪そうな法律だ。

彼らは三人に一人がB型で、だから日本に統治されたと考えただけで胃が捩《よじ》れる。おまけに戦後、悪い日本があっさり自由世界の成功者に返り咲いたのに自分たちは統一もできずに未《いま》だ日本にすがったまま……。

産経の黒田勝弘《かつひろ》特派員電によると、ソウル市庁舎前の広場の丸く刈り込まれた芝生が「日の丸」に似ているとかいってマスコミで結構な騒ぎになったとか。

そんなに日本の国旗が嫌いなら、日の丸に濁点を打ったような韓国の国旗も改めればいいのにとつい思ってしまうが、そういうひがみ根性が積もり積って今回の反日法になったわけだ。

だから本当は冬ソナどころではないのだけれど、加藤のコラムはそんな翳《かげ》りも見せていない。

彼がもう一つ見ないふりをしているのがヘラルド・トリビューン紙に掲載されたロビン・リム南山大教授の「ただ乗りの終焉《しゅうえん》」と題する一文だ。

「韓国は今、米国から離れ、急速に中国に接近しつつある」。韓国はもはや自由陣営の敵で、中国の衛星国とみるべきだという。

だから彼らが人質に取る前に在韓米軍を縮小させたのだと、今の米軍再編の本当の理由を説明する。

表題の「ただ乗り」とは国の安全保障もシーレーンも何もかも米国にお任せだった日本を指し、そんなお気楽ももう終わり、これからは自分で朝鮮半島、中国を睨《にら》んだ国家安全保障をやっていかねばならない、という意味だ。

そして教授は韓国の本心に触れ、「韓国は北朝鮮の核兵器を継承し、その照準を日本に向けることは隠れもない事実だ」と。

その昔、民団系の人から「南北が統一したらコワいでしょう」と言われた。「別に」と答えると、疑わしそうに「だって日本なみの工業力とテポドンと核を持った強国がすぐ隣に出現するのですよ」。

日本人は強くなった朝鮮人に復讐《ふくしゅう》されると震え上がっているはずだという。

日本人は隣の半島などほとんど意識していないと言ったら卒倒するだろうから黙っていたが、リム教授の解説とそれはホントによく符合していた。

彼らは日本を怖がらせてただ溜飲《りゅういん》を下げるのではなく、その脅しでしこたま儲《もう》ける、つまり恐喝するつもりでもいる。

その証拠に金正日が日本人拉致《らち》を小泉首相に懺悔《ざんげ》してみせる少し前に彼は米国のバリー・フィッシャー弁護士を平壌《へいじょう》に呼んでいた。

この弁護士の名は統一ドイツと東欧諸国との間の戦後賠償交渉の際に登場している。そしてドイツ政府だけでなく、関与したダイムラーやクルップなどドイツ企業からも賠償金をふんだくれるという、阿漕《あこぎ》な解決策を編み出した張本人だ。戦時賠償はウエストファリア条約以来、国が賠償する決まりができた。民間からの搾取《さくしゅ》は禁じられた。それをくつがえす略奪勝手法なのだ。

北との統一は韓国には大いなる負担になる。それは統一ドイツを見ても分かる。優等生の西ドイツがその財政負担で未だに立ち上がれないでいる。

だから韓国も北も統一にかかるカネを自腹でやる気は端《はな》からない。日本に全部負担させるつもりで、だから政府だけでなく企業からも取りたい。

それでこの弁護士の知恵を借りたというわけだ。北は拉致問題で交渉は頓挫《とんざ》したが、バリーは南にも行って民間企業を訴える知恵を授けている。

法廷でカネを取ろうと考えているのは金正日だけではない。日朝国交が正常化されれば苦難の道を歩んだ日本人妻もその伴侶《はんりょ》もその他の元在日も日本に帰ってくるつもりらしい。

そして北朝鮮を天国のように喧伝《けんでん》し、彼らを生き地獄に送り込んだ朝日新聞を訴えることになる。

それを見越して朝日は「北朝鮮の素顔」の特集を組み「在日は犯罪者が多く、政府が送還に積極的だった」と書く。訴えるなら日本政府ですよという意味だ。

しかし北を天国に仕立てた岩垂弘《いわだれひろし》記者のルポという動かぬ証拠もある。どう見ても責任は逃れられない。

いずれにせよ朝日も日朝国交正常化など百害あって一利もないことにやっと気付いたらしいが、それなら素直に「放ったらかしておこう」と書けばいい。


（二〇〇四年八月五日号）

朝日の記事では正しい日韓関係は学べない

新聞社には調査部という名のアーカイブがある。

そこには事件の切り抜きや資料、書籍、縮刷版などがやまと保管され、例えば飛行機が落ちたとかの事件が起きると、記者はそこに駆け込んで基礎的な資料を漁《あさ》り、データを集める。

それを手に現場に行ったり、解説を書いたりする。記事の半分は、このアーカイブででき上がる。

あるいは先達の書いた記事をたどれば、その時代の空気も読め、味わえる。

昔、朝日新聞に、地下に潜行した伊藤律と月下の六甲山だったかで会見したという特ダネ記事が載った。

それが今回の「ＮＨＫに安倍晋三ら政治家が圧力」と同じ、まったくのでっち上げだった。朝日は縮刷版ではその記事部分を白抜きにしたが、むしろそのまま載せるのが筋ではなかったろうか。

ガセネタを恥じる気持ちは分かるが、これを載せておけば、ああ、あのころの朝日は本気で共産革命を期待し、それが昂《こう》じてこんな嘘《うそ》を書く記者も出たんだなという具合に時代を読む材料になっただろうに。

時代を映すでっち上げ記事には八〇年代半ばに「これが（日本軍の）毒ガス作戦だ」がある。

実際は中支の渡河作戦で焚《た》かれた煙幕なのに、あの藤原彰・一橋大教授を使って「毒ガスだ」と偽証工作までさせた。何でもありの自虐《じぎゃく》史観花盛り時代を象徴していた。

このときは産経新聞が煙幕の証拠をつきつけ、嘘がばれてしまった。

ところがその訂正記事がふるっていて「日本軍の化学戦の写真は南昌《なんしょう》ではなく贛湘《かんしょう》作戦の行われた新牆河《しんしょうが》だった」で終わり。

煙幕を毒ガスと偽り「残忍な日本軍」をでっち上げた悪意の嘘には一言半句触れないで逃げている。

これでは後世の記者が読んだら、日本軍は毒ガスを使っていた、でもたまたま地名を間違え、それを訂正したとしか思わないだろう。白抜きよりたちが悪い。

朝日のアーカイブはその意味で今一つ信用できなくなってきた。それで最近の朝日記者はあまり参考にしていない風なのだ。

例えば先日、日韓条約の公文書が解禁され、実は日本は戦争被害者や統治時代の給料未払いなど個人補償もきちんとやっていて、相応の金額を支払っていた。ただそれを韓国政府が流用していたことが解禁公文書で明らかにされた。

「日本は補償もしていない」と韓国人が言い立て、韓国系でもある朝日新聞もそうだそうだと言ってきた。

ところがそうじゃなかったと分かって朝日は解説面（二〇〇五年一月二十四日）で言い訳を書いていた。日韓交渉で韓国側は最初に「日本の植民地支配時代の未払い給与や預金、戦争被害の補償を求めた」とあるが、これは大嘘。

アーカイブに行って交渉の当初から当たれば、韓国側はまず「起訴状を朗読するようなトーンで」（シーボルトＧＨＱ外交局長）戦時賠償と植民地統治の謝罪を求めた。それは「日本を破産させてしまうほどの巨額な要求だった」（同）。

これに対して日本側は朝鮮と戦争もしないのに何故《なぜ》賠償なのかと諄々《じゅんじゅん》と諭《さと》した。

さらに韓国併合は国際法に則《のっと》ったもので何ら不都合はなく謝罪の必要もないと突っぱね、だいたい植民地支配と言うが、実際は搾取どころか、逆に日本政府がカネを持ち出す開発型ではなかったかと韓国側に教えている。

それが「禿山《はげやま》が緑に変わり、鉄道、電気が敷かれ、港湾が築かれた。治水で水田も増えたではないか」という久保田貫一郎代表（外務省参与）の発言だ。

これに韓国側が腹を立てて交渉が中断すると、当時の岡崎勝男外相は「当たり前のことを述べただけなのに」と韓国側の依怙地《いこじ》さに呆《あき》れていた。

今の福島瑞穂《みずほ》の大先輩に当たる鈴木茂三郎《もさぶろう》、勝間田清一《かつまたせいいち》ら社会党左派の連中も「李承晩《りしょうばん》になめられている」と怒る。

そして当時の朝日新聞も「朝鮮統治では日本はいいことをした。マイナス面ばかり言い立てるな」という久保田発言を支持し、韓国側の言う「植民地支配」という表現も遣《つか》っていない。

結局、日韓会談は十年の中断のあと、どうしてもカネが欲しい朴正熙《パクチョンヒ》が折れて日本側の主張通り「賠償」と「謝罪」という表現を引っ込め、個人補償を含めた戦後補償の形で決着し、調印している。

この嘘の解説記事を書いた記者は一度、自社アーカイブに行って切り抜きを読んでみるといい。朝日の記事がまともだった時代があったことに気付くはずだ。

（二〇〇五年二月二十四日号）

日本が韓国で果たした本当の役割

先日の朝日新聞夕刊にヘンな記事が載っていた。

日露戦争後、日本は李氏《りし》朝鮮を保護国とした。そのころの話だ。

日本はそれまでこの国に自立を促してきたが、この国はそれを嫌って中国に擦り寄って中国の属国だもんと言ったり。その中国が頼るに足らないことを日清戦争で教えてやると、今度は日本が最も怖《おそ》れるロシアに擦り寄る。

それで日本は日露戦争も戦う羽目に陥り、二つの戦争であわせて十二万人もの将兵が異国の地で散華《さんげ》した。

朝鮮にこれ以上愚かな外交をさせないというのがこの保護国化の目的だった。

朝日の記事はその保護国化交渉会場を隣の米公使館から覗《のぞ》き見たモーガン公使の報告

書を荒井信一・駿河台大名誉教授が見つけたというものだ。

報告書には「日本の憲兵がいっぱい」いて、それが朝鮮側に「日本の要求を拒めないと思わせるため」だったという私見が続く。

要するに脅迫されて朝鮮側はサインした、という雰囲気を伝える。

これを受けて戸塚悦朗・龍谷大教授が「強制があったことを示す第一級資料」と尤《もっと》もらしさを添える。

それがどうしたみたいな話だが、朝日は「強制して結ばせた条約は無効」だから、この保護国化の延長線上にある日本の朝鮮併合も無効だったという風にもっていきたいらしい。

朝日がお得意の「日本は是が非でも悪い」自虐史観シリーズのひとつだ。

この類《たぐい》の捏《こ》ね上げ記事がどうしても醸《かも》す「いかがわしさ」を消すために、朝日は過去、故藤原彰・一橋大教授や古田元夫・東大教授など嘘を厭《いと》わぬ学者を使ってきた。古田教授は戦時中の日本軍がベトナム人を二百万人餓死させたという嘘をふりまいた人だ。

大新聞と大学教授がぐるになって嘘をつくとはだれも思わない。そうやってこれまで自虐史観を捏ね上げてきたわけだ。

しかし藤原教授が死に、北朝鮮が拉致などするはずがないと偉そうに言い続けた吉田康彦・元埼玉大教授の嘘がばれ、東ティモール島民四万人を日本軍が処分したと書いた後藤乾一・早大教授もこけて、朝日お抱えの教授団はほぼ消滅した。

そういう時期だからこの記事は荒井センセーと戸塚センセーが新たな朝日のお抱え教授になったお披露目のつもりだったと思われる。

しかし今度はいかにも題材が悪かった。

なるほど米国公使が恐喝現場を目撃、となれば日本の悪いイメージは増幅されるが、それに過大な意味を持たせたのは、大学の先生としてはちょっと不勉強ではないか。

というのも相手を脅してまず保護国化して、とかのまだるっこしい手順は要らない、即座に植民地にしちまえ、それが日本の責務だと言っているのが他ならぬセオドア・ルーズベルト米大統領だからだ。

彼はモーガン公使が覗きをしているころ、もう朝鮮は日本のものと当の公使館以下すべての米公館の閉鎖を決めている。覗き屋モーガンは実は最後の駐朝鮮米公使だった。

米国が公館を閉めて朝鮮はびっくりする。ルーズベルトに再考を促すが、大統領は「朝鮮は国家として統治能力も自衛能力もまったくないことがはっきりした」と訴えを退けた。「日本の世話になれ」と。

お前の国は国家の体裁もなしてないとは随分な言い方だが、これはヘレン・ミアーズ『アメリカの鏡・日本』の引用だ。それで不満なら米国国務省の資料を見ればいい。

戸塚教授は「歴史の文脈の中で考えれば」とコメントしている。その通りだ。

自立も出来ない、それゆえ周辺に災厄しかもたらさない国があれば、あの時代はすぐに取り潰《つぶ》された。それが歴史の文脈だ。

しかし日本は即座に取り潰しはしなかった。保護国化し、なお五年も待っている。

これは私見だが、こんな米公使の言葉を針小棒大に捉《とら》えて朝日の気に入る自虐史観の捏造《ねつぞう》に協力していると、あまりいい将来は期待できないと思う。

それに朝日自身、最近は名もない教授を育てて嘘の片棒を担《かつ》がせるやり口に限界を感じている風で、今は外国人登用に移行しつつあるように見える。

例えば姜尚中《カンサンジュン》。とっくに破綻《はたん》した強制連行を〝被害者〟を装《よそお》ってこの先生は語る。

韓国の元外相には、朝鮮は核武装しても「日本は平和国家が役割」と語らす。

連載「近隣外交を問う」ではシンガポールの呉作棟《ゴーチョクトン》とジャカルタポスト紙の編集長に「日本は悪い」「我々は中国を選ぶ」と朝日路線を語らせる。

ゴーはあの国で漢字教育を訴えた中国人だ。ジャカルタの新聞も華僑《かきょう》のワナンディ兄弟が経営する。反日で中国贔屓《びいき》は当たり前だ。でも日本人は彼らが華僑くずれという身元を知らない。これなら日本人はてっきりまともなシンガポール人、インドネシア人だと思い込むだろう。そこにつけこもう。

朝日らしい浅知恵だ。

（二〇〇五年十一月二十四日号）

恩義を忘れる悲しい国

日本人のいいところの一つに、学ぶ姿勢がある。

日本人は未知なこと、例えば地球は小さな星で太陽の周りを回っていると教えられると「彼らは目を輝かせて聞き入り、質問を浴びせてくる」。イエスなどそっちのけだったとザビエルは書き残している。

明治にやってきたお雇い外国人たちも、日本人学生の真剣に学ぶ姿勢に必ず言及している。

日本人はよく学ぶだけでなく、教えてくれた人のことを忘れない。

英国人エドモンド・モレルは鉄道のノウハウを日本人に教え、明治五年、新橋から汽車が走り出したが、ＪＲは彼の教えに敬意を示し、系列のホテルに彼の名、エドモントを冠している。

発電も英国人のウイリアム・エアトンが今の東大工学部で指導し、それから十年後に日本人は自力で火力発電所を作っている。

もっとも中にはスカもいた。日本は中国と戦うべく軍艦の自国建艦を決め、フランス人技官エミール・ベルタンを招いた。

ところが彼は四千トンほどの海防艦に口径三十二センチの巨大な砲を据えた。

これはいかにもでかすぎた。実際、黄海海戦でこの巨砲を撃つ場面があったが、発射のあと艦は凄《すさ》まじく揺動《ようどう》して十五分以上も操舵《そうだ》ができなかった。

ベルタンはこの馬鹿《ばか》げた軍艦を四隻《せき》も造る計画で、おまけに彼はうち二隻の主砲を後ろ向きに搭載することになっていた。

敵艦と遭遇したら急ぎ後ろ向きになってバックしながら撃てというのか。

さすがの明治政府も三隻造ったところで、このどうしようもないお雇い外国人を解雇した。

それでも彼に恥をかかせないよう、三隻には日本三景の「厳島《いつくしま》」「橋立」「松島」の名を冠した。もともと三隻でワンセット。キャンセルなどなかったですよという思いやりだった。

こういう「教えを受けた者への敬意」は日本人ほどではないにしても、まともな国なら一応は持っている。

オランダ人ゴッホが広重《ひろしげ》の「梅屋敷」をそっくり模写し、読めない漢字も書き込んで広重への心酔を示したのは有名な話だ。

人形の中から人形が出てくるマトリョーシカ。

ロシアの伝統民芸品のように思われているが、その第一号が飾られているザゴールスクの博物館には「実は日本に教わった」という縁起が記されている。

明治期、ロシアの富豪のマモントバ夫人が日本を訪れたおり、箱根で精巧な入れ子人形を見つけ、すっかり気に入った。

帰国後、「それを模してマトリョーシカを作りました」と。

第一号マトリョーシカの隣には、モデルとなった箱根七福神の入れ子人形も展示されている。

ロシア人といえば略奪と強姦《ごうかん》が大好きという困った民族だ。それにずるい。

日本がよれよれになるのを待って宣戦し、日露戦争の仇《かたき》を取ったとか言って北方四島を持っていった。

そういうしょうもない国民性だが、知識を得たことへの敬意は忘れない。しかし世界は広い。そういう恩義をさっぱり忘れてしまう国もある。例えば世界のナイキ。あれは日本のアシックスの元米国人スタッフがその手法を学んで立ちあげたものだ。

本人は出藍《しゅつらん》の誉れと言いたいらしいが、そんな謂《いわ》れは全くというほど語られない。

韓国のテコンドーは「跆拳道」と書く。

衆院議員の高鳥修一の調査によると、戦前、日本の空手の創始者、船越義珍《ぎちん》の教えを受けた崔泓熙《さいこうき》が戦後の韓国で、その空手を跆拳道の名で普及させた。

そしてシドニー五輪では本家の空手を抑えて正式種目に採用された。

広重とゴッホのような関係にも見えるが、跆拳道はゴッホがジャポニズムに示した敬意とは違うものを出してきた。

高鳥が米国で入手した資料では、跆拳道は「二千年の歴史」をもつが、それに関する文献がないのは日本の植民地時代に「日本人がすべて焼き捨て、歴史の壁に塗りこまれた。伝統を守る関係者は捕らえられ、拷問《ごうもん》の末に廃人にされ、歴史を知る者が一人もいなくなったからだ」と説明している。

日本で出版されている『跆拳道』（成美堂出版）にも「これが日本の空手の原型になった」と本末を入れ替えている。

悲しいことだが、こんな国もある。


（二〇〇六年八月十七・二十四日号）

ロス暴動と韓国人殺人鬼の関係

ロサンゼルスの摩天楼群を斜め下から仰ぎ見る辺りがサウスセントラルと呼ばれる地区になる。

元は白人居住地域だったが、アフリカ系の住むワッツと近かったことから、治安が悪化し、やがて黒人の街に変わっていった。

みんなが敬遠する街で食料品や日用雑貨の商売を始めたのが欧州から逃れてきたユダヤ系の人々だった。

彼らは懸命に働き、子供をいい大学に入れ、そして弁護士や医師になった息子に引き取られてビバリーヒルズに移っていった。

ユダヤ系のあとに日系人が入ってきて、もっと働き、同じようにこの貧しい街からパロスバルデスなどに移っていった。

黒人たちは自分たちがいつも見送る立場にいることをちょっと悔しく思いながらも、差別もなく接してくれたユダヤ系や日系を温かく送り出した。

そのあとにきたのが韓国系だった。彼らの評判はよくなかった。それは黒人に向けたあからさまな嫌悪《けんお》感《かん》と喧嘩《けんか》腰《ごし》の物言いのせいで、それがもとでしょっちゅうトラブルが起きた。

一九九一年、韓国系のリカーショップ「エンパイア」で、十五歳の黒人少女ラターシャが二ドルほどのジュースを万引したのを店番の斗順子《トゥスンジャ》が見咎《みとが》めて飛び掛かった。大柄の少女は逆に斗を殴って店を出ようとした。

頭にきた斗は少女を背後から銃で撃ち、殺した。

斗は殺人罪で起訴されたが、同年秋の判決は社会奉仕四百時間だけ。つまり事実上の無罪になった。

サウスセントラルは黒人の怒りで燃え立った。

それがどれほどのものだったかは、裁判とほぼ同時にリリースされたアイスキューブの「Black Korea」が百五十万枚も売り上げたことでもよく分かる。

ラップだから表現はやたら過激だ。以下はそのサビの部分になる。

「酒屋に行ったらカネ勘定するオリエント野郎が俺たちを万引扱いする。俺たち、お前らにはもううんざりだ。だれのおかげでここに店を出せていると思ってるんだ。この細目野郎」

「だれのおかげで」というくだりは前述した通り。ユダヤ系も日系も腰を低くしてここに店を出した。彼らはそれを感謝したのに韓国系にはそんな殊勝さもない、ほどの意味だ。

黒人の憤懣《ふんまん》ははけ口のないまま年を越した。

そして翌九二年春、ロサンゼルスのアフリカ系市民がもう一つ関心を寄せていたロドニー・キング事件が結審した。

この事件はラターシャ殺害事件とほぼ同じころに起きている。黒人の若者が韓国製の車でフリーウェーを暴走し、一時間の追跡劇の末にレイク・ビュー・テラスでパトカーの警官に取り押さえられた。

しかし運転していた男は「ポパイという名の興奮剤をやっていてどんなに押え込んでも歯向かってきた」(裁判での証言)

それで警官が警棒で彼を叩《たた》きのめすのだが、それを近くの住人がビデオに撮った。映像は「黒人差別の動かぬ証拠」として世界を駆け巡った。ちなみに現場のレイク・ビュー・テラスは例の「ロス疑惑の銃弾」騒ぎの発端となった白石千鶴子《ちづこ》さんの白骨死体が見つかった場所でもある。

これもまた黒人が〝被害者〟になった事件だが、裁判の評決は暴行した白人警官全員を無罪とした。

再び「黒人がやられ損」という結果が引き金になって積もりに積もった憤懣が爆発する。

サウスセントラルの少し北、ノルマンディ通りの交差点で暴動がはじけ、その鉾先は黒人が憎んでも憎み切れない韓国人に向けられ、この通りから西側数キロに広がるコリアン・タウンに火の手が広がった。

これが丸四日間、無警察状態を生んだロス暴動だ。死者は五十三人、焼かれた韓国系商店は三千軒を超え、立ち上る黒煙は空を覆《おお》い、ロサンゼルス空港も一時、閉鎖された。

このころ、後にバージニア工科大で三十二人を殺すチョ・スンヒが米国にやってきたと産経新聞が伝えた。同紙はロス暴動という「人種間対立がチョの人格形成に影響を及ぼした可能性」を指摘している。

それは韓国人を善意で見すぎる。暴動の原因は「ラターシャ事件」そのものにある。相手が子供だろうと背中からだろうと「悪いのはお前だ」と躊躇《ためらい》なく殺す。

チョもラターシャを撃った斗順子と同じに見える。そう言えば「悪いのはいつも日本だ」という盧武鉉《ノムヒョン》の台詞《せりふ》も似ている。あの国のからむ事象は結構、分かり易《やす》いものだ。

（二〇〇七年五月三・十日号）

韓国人事務総長の罪

日本という支えを失った戦後の朝鮮はすぐに分裂していがみ合いを始めた。

そしてある日、北朝鮮が韓国に攻め込んだ。不意を衝《つ》かれ韓国は釜山《プサン》まで追いつめられる。

そのままだったら日本領の竹島にでも逃げ込んできて亡命政権を樹立し細々と生きるしかなかった。

その方が静かでよかったかもしれないが、実際は李承晩が竹島に逃げる直前に米軍の仁川逆上陸作戦が成功して、韓国政府は再びソウルに戻ることができた。

こういう分断国家は通常、民族の血が磁石のように引き合ってお互いを統一に駆り立てるものだ。

例えばベトナムはフランス、米国など世界の大国を相手に三十年も戦い続けて南北に分断された国の統一を実現した。

ドイツは分断を強《し》いた冷戦構造が弱まるや市民が立ち上がってベルリンの壁を取り壊して祖国統一を果たした。

朝鮮はその点、冷戦が終わり、だれも邪魔しないのに、未だに自力で統一することもできていない。

おまけに一方が偽《にせ》ドルを造り、覚醒剤《かくせいざい》を密売していても、もう一方はそれを諭しもしない。

「朝鮮は国家を維持する資質も能力も欠けている」と二十世紀初め、在朝鮮の米公館を閉じてしまったセオドア・ルーズベルトの言葉を思い出させる。

分裂国家と言えば中国もそうだ。朝鮮と同じに共産勢力に追われた蔣介石《しょうかいせき》軍は南シナ海の海岸線まで追い詰められた。

蔣にとって幸運だったのは岩だらけの竹島でなく緑豊かな台湾がその先にあったことだ。

蔣はそこに亡命政権を樹立し、いつの日かの大陸反攻を世界に告げた。

ただ彼は亡命政権とは言わなかった。なぜなら中国贔屓のフランクリン・ルーズベルトが日本に台湾を放棄させ、さらに英国やフランスにも「蔣に香港もベトナムも返してやれ」（クリストファー・ソーン『米英にとっての太平洋戦争』）と言っていた。

だから蔣は台湾をもらったものと錯覚した。それで亡命政権と言わなかったが、連合国側文書にも「台湾を中国にやる」とは書かれていない。台湾は台湾人のもので、蔣は台湾人の国に亡命してきて居座ったというのが歴史的には正しい。

いや台湾人は中国人だから台湾はもともと中国のものという言い方もある。しかしこれは手前勝手な言い分だ。例えば司馬遼太郎。

『台湾紀行』には混んだ電車で若者がむずかる子供に席を譲る描写がある。割り込みは当たり前、他人の指定席に座ってすごむ中国人と台湾人は別人種だと。

台湾もテレビを電視と表意文字の漢字を書く。中国人の証拠だと中国人は言い張る。

しかし台湾の街には「洋服の青山」の看板がある。「の」は今「的」と同じに遣う。洋服は中国語では西服だが、台湾では「洋服」でも通じる。

中国人は冷えた飯は食べないから弁当はない。しかし台湾の街には「焼肉弁当」屋があって駅の売店には稲荷寿司《いなりずし》も売っている。

本屋の棚には『名偵探柯南《コナン》』などの漫画が並ぶ。

おまけに台湾では今、中国人が仕掛ける振り込め詐欺《さぎ》の被害が続出している。

この種の犯罪は他人を疑わない、人の好い国民性が被害者であることの絶対条件で、言い換えれば台湾人が中国人でない決定的な証拠になる。

分裂国家の朝鮮から国連事務総長が選出された。潘基文《パンギムン》だ。自分の国の始末もできないのに世界機関で舵《かじ》が取れるのかという声は最初からあった。

案の定というか、この夏、台湾が国連加盟申請したのを「中国は一つだから」と勝手に申請を却下してしまった。

加盟問題は優れて安保理の専決事項だ。たかが事務総長の分際でここまでやるかと周りは驚き呆れた。

だいたい国連は別に中国の言う「一つの中国」を承認していない。台湾は前述したように歴史的にも中国のものではないし、住んでいるのも蔣介石に不法占拠された台湾人だ。

「お前は国連城の王様のつもりか」とウォール・ストリート・ジャーナル紙にその無能にして傲岸不遜《ごうがんふそん》ぶりを指摘された。

アジアから出た事務総長なら、その辺の事情を理解して台湾加盟の実現を図るものだろう。

一万歩譲って台湾が一つの中国の一部だったとする。朝鮮は一つの民族のくせに国連に議席を二つも持っているのを鑑《かんが》みれば台湾の加盟は十分考えられる。自分たち朝鮮人は勝手をやっていながら台湾人の言い分は聞かない、では筋も通るまい。

まともな国のまともな人でないと務まらないポストもある。国連事務総長のポストはその代表だろう。

（二〇〇七年九月六日号）

映画「大脱走」と「竹島の日」の数奇な関係

この春、元英空軍少佐バートラム・A・ジェームズが亡《な》くなった、九十二歳だったとヘラルド・トリビューン紙がやたら大きな亡者《もうじゃ》記事を載せていた。

彼の略歴はごく簡単で、第二次大戦が始まってすぐの一九四〇年五月、双発爆撃機ウェリントンでドイツに空爆に行く途中、オランダ上空で撃墜され、パラシュートで脱出したもののドイツ軍に捕まってしまう。

彼が有名になったのは実はそれからの経歴にある。

バルト海沿岸の「Stalag（捕虜収容所）1」に入ってからドイツの敗戦で解放されるまでに、彼は実に十一回の脱走を試みている。

とくに四四年春、ベルリン近郊にある連合軍パイロット専用の「第3捕虜収容所」からの集団脱走は彼の脱走経験の中でも最大規模のものだった。

脱出のため収容所の床下から鉄条網の向こう側までトンネルを掘った。

ただ問題は掘り出した泥をどう処分するか。

総量はダンプカー四台分、約四十トンにもなり、それは結局、収容所の劇場観客席の下に捨てられた。

そして三月二十四日夜、脱走は決行され、その棟にいた七十六人の捕虜全員が収容所から抜け出した。

この顚末《てんまつ》は後にスティーブ・マックィーン主演で映画化されている。

実話の方は映画「大脱走」ほど格好よくはなく、無事に連合軍側にまで逃げ出せたのはたった三人だけだった。

残る七十三人はいずれも脱走から一週間以内にドイツ官憲に拘束された。

ジェームズも汽車でチェコに逃れるところを捕まっている。

ヒトラーはこの「大脱走」に激怒し、脱走した者の「三人に二人を殺せ」と命じ五十人が処刑された。

ジェームズは処刑こそ免《まぬか》れたものの、脱走どころか生存もどうかというザクセンハウゼン強制収容所に入れられた。スターリンの息子ヤコブもここで惨《むご》い死に方をしている。

しかしそこはジェームズだ。大脱走から半年後の九月に収容所の地下に長さ三十メートルのトンネルを掘り、十一回目の脱走をした。今度は船でスウェーデンに逃げる計画だったが、これまた捕まってしまう。結局、翌年五月に米軍に救出され、英国は彼の不屈の脱走魂に十字勲章を贈っている。

彼の物語はビリー・ワイルダー監督の「第17捕虜収容所」でも下敷きにされた。

この映画も空軍パイロットだけを収容する捕虜収容所が舞台になる。

脱出方法も同じトンネル掘りで、泥も劇場や運動場に捨てられた。

しかしいざ脱走を実行すると情報が漏れていて、待ち伏せるドイツ軍の機関銃の餌食《えじき》にされてしまう。

ウイリアム・ホールデンが密告者に間違われてリンチされるが、彼は流暢《りゅうちょう》な英語を話すピーター・グレイブスが内通者であることを突き止める。

あの「スパイ大作戦」の主役を務めた俳優だ。

彼はドイツ軍が潜り込ませた偽米軍パイロット役で、ホールデンに化けの皮を剥《は》がされ、真夜中に棟から放り出される。探照灯が夜の闇《やみ》の底にピーターを浮かび上がらせる。

ピーターは叫ぶ。「撃つな。オレだ。味方だ」

しかし、容赦ない銃弾が彼に浴びせられる。身許《みもと》のばれたスパイなど要らないということだろうか。

なかなかいい幕切れだが、実はこれとそっくりな事件が日本にもあった。

島根県が「竹島の日」を制定したときのことだ。

例の如《ごと》く韓国が騒ぎ出す。この国は竹島が日本領なのを百も承知で、だから国際機関に持ち出すのを拒み、駄々をこねれば何とかなると思っている。

まあ、まともな国だったら今どきまで分裂国家のままでいるはずもない。付き合わないのが一番だが、そんな国に「良かったら竹島を上げましょう」なんて言い寄る新聞が出てきた。反日つながりの盟友と思っているらしい。

それでこの騒ぎの中、韓国寄りの報道のためにこの新聞社は取材機を竹島に飛ばした。ただ相手はまともじゃあない。「ココ我ガ領土スミダ」とか言って、日本の新聞社機を空軍機が出動して撃ち落としにかかった。

社機は叫ぶ。「撃つな。朝日新聞だ。味方だ」と。

でも韓国機は容赦しない。緊迫の中、取材機はなんとか生還し、映画とは違う結末になった。
それがちょっと残念な気もする。

（二〇〇八年六月十九日号）

ゴミを垂れ流すのもいい加減にしろ

先日の朝日新聞に「漂着ゴミ、実は大半国内から」という記事があった。

大方の日本人はこの見出しに驚く。だいたい「漂着ゴミ」は日本海側の浜に簡体字や諺文《おんもん》の書かれたポリ容器が山と流れ着く現象を指して生まれた言葉だ。

簡体字とは北京政府が日本の平仮名、片仮名の発想に学んで生み出した簡略字体の漢字のこと。例えば「雲」は片仮名式に字の一部を取って「云」にしている。

諺文も日本の仮名を手本に、十五世紀に李氏朝鮮で作られた表音文字のこと。

しかし中国にかぶれた国だから漢字離れができない。せっかくの発明も埋もれたままだったのを日本人が掘り起こして教えてやった。

彼らはそれを今、ハングルと呼んで珍重している。

環境省は漂着ゴミがどこからきたのか、そこに書かれたヘンな文字を手掛かりに調査した。その結果を報じたのがこの記事だ。

量がすごい。酒田では年間二百トンも流れ着き、対馬《つしま》ではその八割が中国か朝鮮か台湾モノだった。

内海の天草や紀伊半島の鳥羽も調査したが、そこにも中国・韓国モノが二割も漂着していた。

太平洋側まで諺文ゴミとは驚きだが、もっと驚きは朝日の記事で「鳥羽では八割が国内ゴミ」と書いた。ゴミの量でなく比率だから確かに嘘じゃない。

そして日本海側は中国・韓国モノが八割だから、ならして漂着ゴミの半分は日本のものだとしている。海を汚しているのは他ならぬ日本人だと。

事実をここまで捻《ね》じ曲げてシロクロ逆にしたら、立派な嘘記事だろう。

このインチキ記事と同じころ、独仏中の共同製作映画「ジョン・ラーベ」を朝日が紹介していた。

記事はラーベという「ドイツの会社員」が南京城内に安全地帯をつくって「大勢の市民を救った」政治宣伝物語で、映画には日本軍が例によって「中国人市民を大量に殺し、斬り落とした彼らの首と記念撮影する場面も描かれている」という。

執筆した記者は知らない振りをしているが、ラーベは隠れもない独シーメンス社スタッフで蔣介石軍について軍事物資の援助、調達をやっていた。

平たく言えば中国側の武器商人の一人だ。実際、南京陥落のさいは一般市民に化けて逃げ込んだ中国軍幹部を匿《かくま》ってやってもいる。

そんな男を、執筆した記者は「ドイツの会社員」と書く。確かにこれも嘘ではないが、そういう姑息《こそく》な手段で素性を隠すのは心に疚《やま》しさがあるからだ。

本多勝一は中国人の言うまま検証もしないで「残虐《ざんぎゃく》な日本軍」を書き並べた。検証したら嘘がばれるからだが、この記者は事実を知っていればこそ、それを隠そうとした。これも立派な嘘記事だ。

中川昭一財務相がローマでのＧ７で泥酔《でいすい》会見をやらかしたと、朝日新聞は鬼の首でも取ったようにはしゃぎまくった。

朝日はホンの三年前に「中川氏がＮＨＫに圧力をかけて番組を変更させた」と嘘八百記事を載せた。嘘がばれて朝日は経緯がどうの第三者の判断ではこうのと言い逃れてうやむやにして逃げた。

今回はその報復で、ひたすら中川昭一の追い落としに熱中した。

ただ新聞記者だったら「ダボスで中川昭一が泥酔」と聞けば、すぐにクリントン政権のミッキー・カンター米通商代表を思い起こしたはずだ。

橋本首相が剣道の手ほどきをした男だ。

彼はダボス会議の夜、酔っ払って二階の屋根から落ちて会議を休んだ。

会議をすっぽかしたのだから中川氏より悪質だが欧米メディアは口をつぐんだ。白人同士の誼《よしみ》だ。黄色い日本人もその仲間に入って報道しなかった。

しかし今回はＣＮＮもＢＢＣも悪ふざけして中川氏を笑い物にした。日本人なら笑っていい、ではあからさまな人種差別だろう。

朝日以下の日本のメディアはそういう人種差別報道を指摘するのが筋なのに、一緒になって笑い物にした。

自覚も責任感もないホームレスメディアだ。

日テレが内部告発を装う吉田清治《せいじ》みたいな男に騙《だま》されて嘘話を報道番組「バンキシャ」で流した。

その責任を取って久保社長が辞めたら、朝日が社説で「経緯も検証内容の説明もない」からそんな辞任はダメだと文句をつけた。

この社説の真意を測れば、要するに嘘報道くらいで辞めるなということらしい。

嘘で辞めていたら朝日新聞はそれこそ日替わり社長になってしまう。

（二〇〇九年四月二日号）

第二章　マネとパクリの偽物国家

通名と本名を使い分けるな

何かの国政選挙に行ったら、ついでに区長選の投票用紙がついてきた。都民という意識はあるけれど区民意識はない。強《し》いて挙げれば住んでいる区によって車のナンバーが「練馬」とか「足立」とかにされてしまう。「足立」などにされた日には周りの車が避《よ》けてくれて走り易《やす》くなるものの、どんないい車でも安っぽく見えるから不思議だ。

その程度の認識だから区長がだれかは知らない。上には都知事がいて、暇な都議会もある。カネのかかる選挙などやめて昔みたいに区長は都知事の任命にすればいいのに、とか思いながら候補者一覧を見た。そして驚いた。

せめてもの判断材料と期待した所属政党欄はみんなそろって無所属なのだ。

そんなはずはない。こういう瑣末《さまつ》選挙には必ず共産党員が潜り込んでくることは経験則で知っている。

鉛筆を転がしたところでかなりの確率で共産党を喜ばすことになる。

投票のあと妻や娘に「みんな無所属」をどう区別したか聞いたら、運を天に任せてだれかに丸をつけたという。

こちらはと聞かれ、かなり高い確率で不快な結果になる可能性を考え、棄権したというと、その手があったかと感心された。

今度の千葉県知事選でその無所属が問題になった。

当選した森田健作は無所属で戦った。しかし実際は自民党に所属したままだ。

看板に偽りありだと「市民らでつくる『森田健作氏を告発する会』が森田知事を刑事告発した」と朝日新聞が報じていた。

世田谷区長選で共産党員の候補が無所属を装《よそお》っても問題なくて、自民系の森田健作が無所属なのは悪いという、その違いがよく分からない。

ただ気になったのはこの「市民らでつくる」会について産経新聞は「社民党の千葉県議らでつくる」会と伝える。

つまり政治的に色つきの組織だ。告発の動機もこの政治色で説明がつくが、それを朝日はなぜ「市民らでつくる」といかにも「無所属」風に表記したのか。社民党系と書くと都合が悪いのだろうか。

千葉県民にすればせっかくみんなで選んだ知事にけちをつけてきた組織の正体は知りたいだろうに。朝日はなぜそれを隠すのか。

森田知事はこの社民党の組織から実はもう一つ告発を受けている。

「外国人から政治献金を受けた」嫌疑で、具体的にはあの「ドン・キホーテ」の安田隆《たか》夫《お》社長から献金をもらっていたという。

九五パーセントが外国人経営のパチンコ屋からならいざ知らず「ドン・キホーテ」が在日の経営だったとは普通の人は知らない。そう言えばこの会社では過去、放火で三人が死んだり、消防署からの改善勧告に居直ったり。何か異様な印象はあったが、このとき朝日はそれが在日企業だと伝えてはいない。

元社民党の角田義一《つのだぎいち》は総連系の企業からカネをもらっていた。それがばれて彼は参院副議長を辞めた。

在日企業かどうかは政治家の政治生命にもかかわる重要な情報だ。それがある日、在日と親密な社民党系の組織が「あれは実は在日」と暴《あば》く。朝日がそれを受けて「在日企業ドン・キホーテ」とさも周知のように書くのは、何か釈然としない。

では朝日は在日の世界を何も知らないかというと大違いで、例えば京都で女性信者を暴行しまくった在日の牧師を、各紙が韓国名で伝える中、朝日だけはわざわざだれも知らない日本名で報道した。

この新聞は今も日本の朝鮮統治には否定的だ。先日の投書欄でも「創氏改名で朝鮮名を取り上げたのは民族への最大の屈辱」という声を取り上げていた。

朝鮮人が日本に憧《あこが》れて改名した事実は伏せて、日本の非道としながら、紙面では勝手に韓国人に日本名を名乗らせる。それこそ「屈辱」ではないのか。

若宮啓文《よしぶみ》が先日のコラムで「偽の時代」にことよせて偽肉のミートホープと小沢一郎を論じていた。お馬鹿《ばか》な元論説主幹にしてはいい喩《たと》えだが、考えてみれば事実を伝えない朝日はまさに偽もの時代の偽新聞と言えないか。

（二〇〇九年五月七・十四日号）

「剛腕政治家」の中身を解剖すると

日本の政治家は議場でも突きつけられたマイクの前でもまともな口をきく。ぞんざいな物言いはあまりしない。

例外は石原慎太郎くらいか。テレビ中継される記者会見でも「もっと勉強してこいよ」とかタメ口で語る。

その昔、環境庁長官時代もその調子で記者クラブに対した。「ここの記者はトリッキー」だとオブラートなしで語った。

トリッキーとは相手を嵌《は》めるほどの意味で、例えば文相になったばかりの藤尾正行に「日本が朝鮮を一方的に併合した」とけしかける。

「いや日韓併合は向こうにも責任がある」と言わせて辞任に追い込んだ朝日新聞流のや

り口を言う。

慎太郎はまた「クラブの記者は新聞には書かないで雑誌に原稿を売っている」ことも指摘した。これも当時の朝日新聞記者以下がやっていることだ。

ここまで言えるのは慎太郎が物書きだからだ。物書きの自信があり、同時に物書きのモラルも弁《わきま》える。仲間由紀恵風に言えば、記者がやっていることとくらいまるっとすりっとお見通しなのだ。

しかし記者クラブ側は環境庁長官を取材するのであって別に作家を相手にしているつもりはない。上から目線でとやかく言われたくない。ついには「数々の暴言を撤回しない限り定例の記者会見をボイコットする」と抗議文を慎太郎に突きつけた。

その抗議文を当時、記者クラブメンバーの一人から見せてもらった。作家・慎太郎を意識して妙に気張りすぎていて、立派な駄文だった。

慎太郎はもちろん無視。かくて異例の会見ボイコットが始まった。ただ「自ら取材拒否するのは記者の道に外れる」と産経新聞だけはボイコットせず、当時の担当記者飯田浩史と慎太郎の二人だけの差し向かい記者会見が半年も続いた。

偉そうな物言いといえばもう一人、小沢一郎がいる。彼は作家でもないのに「君は憲法を読んだのか」とかやる。ヒトの扱いもひどく、秘書などは人間扱いもしない。李氏《りし》朝鮮時代の両班《ヤンバン》を思わせる。

そのくせ相手が目上だと見ると人目も憚《はばか》らず揉《も》み手する。六百人を連れて胡錦濤《こきんとう》に会ったときの開けっ広げの媚《こ》びは日本人には随分と違和感があった。

こうした掌《てのひら》返しは朝鮮の歴史に再三出てくる。満洲族が明を滅ぼしにかかったとき、最初は明に忠誠を尽くして戦うが、こっぴどくやられると臆面《おくめん》もなく満洲族に盲従し、明の民を滅茶苦茶にやっつけた。

日本に対しても戦前の憧憬《どうけい》を捨て、戦後は一途《いちず》に憎悪《ぞうお》に突っ走っている。

昔、政治部記者は小沢を一様に短気だと評した。

すぐキレて自民党を飛び出し、新生党を潰《つぶ》し、新進党を解散した。

帰化韓国人の立原正秋が日本文藝家協会を怒って飛び出した経緯を文芸評論家の金田《かねだ》浩一呂《こういちろ》が書いていた。小沢に通じるキレ方だ。

小沢は悪相だが、そう言われると必ずキレた。古くは福田赳夫《たけお》とか、最近では輿石《こしいし》某とか、いいご面相と言いかねる人は多い。しかし、それで怒るのは小沢くらいだ。

彼の血液型はB型だ。これも朝鮮半島ではよくある血液型だ。

そんなことから小沢は父、佐重喜《さえき》の時代に日本国籍を取ったという話がかつてあった。小泉八雲と同じく帰化人だと。

そう言われてみると小沢の行動もいちいち頷《うなず》ける。胡錦濤に振りまいた媚びも華夷《かい》秩序を重んじる国民性だし、習近平が会いたいと言えば「日王」が会うのは当然と考えるだろう。

小沢は韓国の李明博《イミョンバク》に在日が生業《なりわい》にするパチンコ業の保護育成を約束した。日本人の政治家なら犯罪の温床になっているパチンコの廃止を考えるところだろうに。

彼はまた李に在日の参政権を約束した。小泉八雲は帰化して「給料が一遍に下がった」と不満を漏らしていた。帰化するより在日の特権を享受《きょうじゅ》する方がいいというメッセージか。

小沢が帰化人とすればすべてが符合するのだが、実際は彼は岩手の豪農の血筋。純粋の日本人ということになっている。

首相が宇宙人なのだから幹事長が純朝鮮風でも構わないか。

（二〇一〇年二月十一日号）

どこまで日本の真似をする気か

大和は国のまほろば／畳《たた》なづく青垣山籠《やまごも》れる……

大和にかぎらず、日本はどこも緑豊かだ。昔、水戸支局にいたころ牛久沼辺りの緑が切り払われて建売住宅がびっしり建った。

そこだけ赤茶けた景色は見苦しい限りだったが、数年で景色の隅に緑が覗《のぞ》き、この前見たら景色がみな緑に埋もれていた。

決まってやってくる梅雨と台風と、合間の焼けつく日照り。日本は緑の育つ条件に恵まれている。

梅雨、台風に加え、台湾坊主《ぼうず》もやってくる山陰地方は良質の砂鉄の産地としても知られる。

チタンなど不純物の少ない砂鉄を炭と交互に重ねて踏鞴《たたら》吹きで溶かすと玉鋼《たまはがね》が生まれる。日本刀の刃になる鋼だ。

この作業には大量の炭を使う。一トンの玉鋼を作るのに通常十三トンの木炭が必要で、その炭を作るには十倍の百三十トンの木材がいる。ちょっとした山の四半分くらいになるだろうか。

同じように砂鉄と木炭で製鉄をやっていた国に朝鮮がある。

しかしこの国は不幸にも梅雨も台風も台湾坊主もやって来ない。

おまけに地味が悪い。木炭にする木を切り出しても、牛久沼と違って緑は一向に甦《よみがえ》らない。

山はみな禿山《はげやま》と化していき、ものの本に拠れば九世紀には切り出す木がなくなり製鉄業もすたれた。

加藤清正が虎退治のついでに木を切ったからと向こうでは言っているが、その六百年前からとっくに禿げていたわけだ。

韓《から》の国の山が緑になるのは日本がそこを統治して植林を始める〝日帝統治〟まで待たなければならなかった。

その日本は天恵の水資源に加え日本人には「杣《そま》」の字が象徴するように、環境意識もあった。

杣は平たく言えば薪炭《しんたん》材を切り出すために植林する山を言う。伐採したら、ちゃんと植林していた。

杣の字は環境意識がこれっぽっちもない中国にはない。日本で創《つく》られた字だ。

それもあって山陰の玉鋼作りは山を禿げさせることもなく続けられた。そして十世紀には反《そ》りをもった日本刀が誕生した。

踏鞴吹きでできた鉧《けら》のうち玉鋼を刃に、銑鉄《くずてつ》を刀身にして焼き入れして生み出された日本刀は折れないだけの大陸型直刀とも、切れ味だけで強さのないサーベル型とも違う。

それは日本独特の刀だった。

江戸時代、間夫《まぶ》は浮気妻と「重ねて四つに」されるのが相場だが、実際、日本刀はそれが可能で、町田長太夫が名刀童子斬安綱《どうじぎりやすつな》で罪人六人を重ねて十二にした話が残っている。

ちなみに童子斬りの名は源頼光《らいこう》が酒呑童子《しゅてんどうじ》を切ったことに由来する。

武士の魂ともなった日本刀は明治維新で少し貶《おとし》められる。

長州の小者《こもの》、つまり武士階級以下という身分ゆえに剣道場にも通えなかった山縣有朋《やまがたありとも》が陸軍のトップになると武士への復讐《ふくしゅう》心から軍刀を敢《あ》えて洋物のサーベルに指定した。この禁が解かれるのは有朋が死んだ後の昭和九年になる。

先日、陸上自衛隊の朝霞《あさか》駐屯地を訪ねた。

蓮舫《れんほう》が仕分けで「こんなのいらない」といった陸上自衛隊広報センターは今の国防を知る資料が一杯あって結構役に立つ。自走砲や特車（戦車）の砲身は九〇年代半ばまでドイツ製だったが、今はもっと高品質の国産に代わったことも知った。

対戦車ヘリのシミュレータはユニバーサル・スタジオの出し物「バック・トゥ・ザ・フューチャー」にも似た体感があって結構楽しめる。

二階に上がるとコーナーに礼装用の軍刀各種が陳列されている。

ここを表敬訪問した各国武官が記念にその国の軍刀を寄贈していく。それを陳列したという説明だが、真ん中に日本刀があった。

ン？　首をひねるとあれは韓国軍のれきとした軍刀だと説明があった。

国旗も日本の日の丸を真似る民だからそんなものかと思ったらそうじゃない。日本刀は「朝鮮半島のオリジナルすみだ」なのだと説明したそうだ。屑鉄も作れなかった国がよく言う。
蓮舫はこういう無礼な刀こそ「いらない」と仕分けすべきだった。
（二〇一〇年四月二十九日号）

ハングルは日本が教えた

国際社会学でいう外国とは自分の国から見て「隣の国」と「隣の国の隣の国」の二種類しかない。

このうち隣の国はそれがまともな国であっても常に疎《うと》ましく厄介な存在と定義されてきた。出来も育ちも悪い隣国はもはや厄災そのものといえる。

その典型が日本にとっての朝鮮になるか。

この国とは文化の流れすらなかった。高松塚古墳が見つかったとき、向こうの学者がきてあの玄武の壁画は向こうの江西中墓《こうせいちゅうぼ》そっくりスミダとか言った。

それはスッポンを紐《ひも》でくくったような図で、それをどう見れば精緻《せいち》な高松塚壁画の原図と言えるのか、みな首を傾《かし》げたものだ。

こんな主張をするだけあって性格は「隣の騒音おばさん」に似る。

明治維新、日本が親切に開国を促すと大声で喚《わめ》いて騒ぎまくった。

そこまで聞きわけないならと日本に征韓論が起きる。ついにはあんな国のために日本人同士が田原坂《たばるざか》で殺し合い、隆盛《たかもり》ら多くの有為な人材を失ってしまった。

日清戦争も同じ。朝鮮は中国に庇護《ひご》を求めて、中国と日本が戦った。

日本が中国を叩《たた》き潰すと、朝鮮は次に日本の最も恐れるロシアにすがった。かくて日露戦争が起きる。

日本はその朝鮮の目の前で世界一のロシア艦隊を撃滅する。二つの戦争で日本は十二万将兵を失った。

まさに日本にとって疫病神《やくびょうがみ》みたいな国だ。

こんな国について先日から朝日新聞が「百年の明日・ニッポンとコリア」と題する連載を始めた。

あの国とは葬式と火事だけの付き合いにした方がいいという「村八分」の勧めかと思ったら違った。

「ハングルは十五世紀に世宗《せいそう》のもとで考案され、広められたものだ。だが、日本の統治時代にはこの民族固有の文字は厳しく弾圧され、日本語を強制された（ソウル＝稲田清英）」と「言葉」編の一回目は書きだされている。

一読、驚く。こんな嘘《うそ》がどうして通ったのか。だいたいハングルとは今、南北朝鮮で使っている表音文字をいう。世宗が日本の仮名を真似て創った諺文《おんもん》がそのオリジナルだ。稲田は「広められた」としているが、世宗のあと、李朝の王らは諺文の使用を禁じ、漢語漢字こそ神聖とやった。朝鮮のオリジナルの言葉もほぼ六割方が葬《ほうむ》られた。

諺文が息を吹き返すのは稲田のいう「日本の統治時代」で、その基は日清戦争前に李氏朝鮮の文盲を減らす手段として福沢諭吉が歴史の澱《おり》の中から諺文を掘り出し、日帝支配時代に学校教育で普及させた。

因《ちな》みに日本はたった数十校だった小学校を約四千校に増やし、学校に行けなかった常人（小作人）や奴婢《ぬひ》の子供も通えるようにした。

のちに大統領になる朴正熙《パクチョンヒ》もその一人で「日本の役人が親を説得して小学校に通えるようになった。頭がいいからと授業料のいらない師範学校に進学させてもらい、陸軍士官学校にも入れた」と語っている。

これがどうして「民族固有の文字が弾圧された」になるのか。彼はさらに「日本語を強制した」とまるで悪い事みたいに書く。

事実は逆だ。朝鮮の民は日本のおかげで読み書きができるようになった。でもそれではトルストイやカントは読めない。なぜなら諺文訳の「戦争と平和」などどこにもないからだ。読むには英語や独語、露語をすべて学ばねばならなかった。

ただ日本語を学べばすべてが読めた。世界中の古典を一つの言葉に訳した「世界文学全集」はあの当時も今も、日本にしかなかった。

あの時代、文明に通じる道は日本語だった。だから中国人もビルマ人もベトナム人もみな日本に留学して、日本語を通して世界を学んだ。

日本の国際化は英語だと平川祐弘《すけひろ》は言う。少々疑問はあるが、少なくともあの時代、アジアでは平川の言う英語に相当したのが日本語だった。

稲田某は自分の記事を縮刷版から削除するよう頼むがいい。さもなくば孫子の代まで無知で嘘つきの記者という汚名が残る。

（二〇一〇年五月二十日号）

朝鮮語を解剖して分かったこと

朝鮮半島の歴史はとても哀れで痛ましい。

ここに棲《す》む民は昔はオリジナル語をもっていた。

しかし中国の支配が強まると、オリジナル語はどんどん消え、ありがとうと言うのも漢字の「感謝《カムサム》」を使い、泣くのも「哀号《アイゴー》」と漢字で泣くようになった。

オリジナルの朝鮮語はいま半分も残っていない。

名前も言葉も漢字化されたところでモンゴルがやってくると、今度はモンゴル語が入ってきた。

李氏朝鮮を開いた李《り》成桂《せいけい》は満洲人だが、彼がのし上がったきっかけは倭寇《わこう》との戦いだった。

筑波大教授の古田博司「珍本通読」によればその倭寇の将は「年わずか十五、六。容《よう》貌《ぼう》端麗にして勇壮無比。白馬に乗り槍《やり》を舞わして馳《は》せて突く」。

李成桂の軍はこの日本人若大将を「阿其抜都」と称したという。

読みはアギバートル。アギは朝鮮語でチビのこと。バートルはモンゴルの首都ウランバートルのバートルと同じで「勇敢」という意味だ。支配民族の言葉がこうやってどやどやと入ってきて、オリジナル朝鮮語はその都度、ぼろぼろ消えていった。

十五世紀、李朝四代目の世宗が今のハングルを創り出した。日本の仮名を真似たものだが、これが根付けば朝鮮古語も含め、何かしら朝鮮オリジナルの感覚が残せたはずだった。

しかし何でも中国が一番、漢字が一番と思う事大主義がハングルを歴史の中に埋没させてしまった。

そして三度、ここに外国語が入ってくる。いわゆる日帝支配のときだ。

日本はハングルを甦らせ、新しい言葉を通して文化を注ぎ込んだ。いま朝鮮で遣《つか》われる「交渉」とか「停戦」などはこのときに入った。それがなかったら朝鮮戦争は停戦もできないまま、まだ続いていたはずだ。

発音は日本語に倣《なら》ったが、そのままではなかった。例えばラ行や濁音が苦手で盧泰愚《ノテウ》の盧が「ノ」になり、土方が「ノガタ」に変わる。

運動会のヨーイドンが「ヨイタン」に、沢庵《たくあん》は「タカン」に変化する。

しかし、そういう不自由な言葉の歴史をたどったことを朝鮮の人々はあまり深く理解していない。それで突拍子もないことを言い出す。いい例が万葉仮名で書かれた万葉集を朝鮮語で読むというやつだ。

朝鮮には朝鮮語を漢字表記する「吏読《イドゥ》」がある。いわば朝鮮風万葉仮名だ。

それで読むと例えば額田王《ぬかたのおおきみ》の「茜《あかね》さす／紫野行き／標野《しめの》行き／野守は見ずや／君が袖《そで》振る」が「赤い尻《しり》が紫の女陰を行きます。野守は見ていないでしょうね。あなたが私の両足を広げるのを」という猥歌《わいか》になると。

同じく額田王の「君待つと／わが恋居《お》れば／我がやどの／簾《すだれ》動かし／秋の風吹く」が「貴方《あなた》に抱かれて赤ちゃんを産もう。足を動かし赤ちゃんを待つ」とまた異常な光景になる。

いずれも李寧熙《イヨンヒ》『もう一つの万葉集』からだが、だいたい万葉集が成立した時代の朝鮮古語は二百語も残っていない。何万とある中国語でも「日本語の情感は表現できない」（石平《せきへい》）というのにたった二百語でどう解読したというのか。

吏読も漢字にはさむ助詞みたいなもので、これも役には立たない。

李寧熙は万葉時代、日本人は朝鮮語を話したというが、そんな史実はどこにもない。

貧しい言語世界ゆえに日本の情感ある歌が理解できないのは同情する。だからといって、妬《ねた》み心一〇〇パーセントで貧しい言語を使って猥歌に仕立てて喜ぶのは決していい趣味とはいえない。

問題は調べればそのいい加減さが分かるのに、こうした下品な本を「儲《もう》かるから」出す本屋が日本に結構あるということだ。

因みに彼女の本は文藝春秋刊で、発行者は豊田健次とある。

昨今の少女向け漫画には李寧熙なみの下品な表現が溢れている。

東京都が見かねて規制に出たら本屋は「表現の自由に反する」の、「自主規制でいいじゃないか」だのと言い出した。

自主規制ができるならなぜしなかった。それに儲かるときだけ表現の自由を言うのはおかしくないか。


（二〇一一年一月二十日号）

復興を妨げてきた在日

先の戦争で米国は二発の核爆弾を落とし、東京を含むほとんどの都市を焼け野原にした。空襲による死者は数十万に及んだ。

それは日本全域が今度の大津波を被《こうむ》ったと想定した図と、そう大きくは違わないものだった。

人々はそこから復興の歩みを始めた。

が、その足を引っ張る者がいた。一つは米国だった。日本の復興の足掛かりとなる工業力を「お前らには過分すぎる。鍋釜《なべかま》を作れる工業力だけあればいい」とエドウィン・ポーレー賠償使節団長にやらせた。それで多くの工場が潰され、機械類は中国、朝鮮に運び出された。

ＧＨＱの主、マッカーサーは航空工業の全廃も命じ、飛行機の運航も製造、研究も止めた。

彼は憲法も勝手に作り変え、彼の部下は馬鹿な日本人にはローマ字がいいと表記を変えさせようとした。

労働担当の二十八歳のレオン・ベッカーは来日してすぐ奴隷解放を命じたが、日本には黒人奴隷も苦力《クーリー》もいなかった。

日本が米国より進んでいるはずはない。彼はきっとどこかに奴隷がいるハズだと探し回って「北海道のタコ部屋」を見つけ、その解放を命じた。

彼らの馬鹿な思いつきの度に日本人は復興の手を休め、付き合わされた。

ちなみにベッカーは「失業者を酔い潰し、気が付いたら北海道行きの汽車の中」という人狩りの実態を報告（新潮社『マッカーサーの日本』）している。

でもそれって米国が昔やった苦力狩りの手法ではないか。上海《シャンハイ》や広東《カントン》で中国人を酔い潰して奴隷船に放り込む。現に「上海（shanghai）」と書いて攫《さら》うという意味の動詞もある。

奴隷船が日本版では汽車になるが、当時はすし詰め状態。どうやって酔い潰れを運び込んだというのか。それに太平洋上でもない各駅停車だ。黙って北海道にまで行く馬鹿がいたというのか。

復興の妨げの二つ目が〝戦勝国民〟の朝鮮、台湾人だ。彼らは国鉄に彼ら専用の車両を仕立てさせ、出発が遅れたといっては国鉄職員を袋叩きにした。東鉄局長の下山定則《しもやまさだのり》も台湾人に集団暴行され睾丸《こうがん》破裂の重傷を負った。

後の下山事件のおり、東大法医学研の古畑種基《ふるはたたねもと》がこの古傷を「新たに暴行されてできた傷」と鑑定した。つまり暴行で殺されたあとに轢断《れきだん》されたという根拠にして、松本清張が米軍陰謀説の与太《よた》を飛ばすもとになる。

朝鮮人は全国の主要駅のすべての駅前の一等地を不法占拠し、大森辺りでは川の上に板を渡してパチンコ屋を建てて、復興のための都市計画をぶち壊した。

ただ神戸だけは違った。〝戦勝国民〟に手が出せない日本の警察に代わって山口組が登場した。「三宮駅前を占拠した台湾人を拳銃《けんじゅう》と日本刀で追い立て」たり、警察署を襲撃する朝鮮人に「手榴弾《しゅりゅうだん》を投げ込み、抜刀隊が斬《き》り込んで」(『田岡一雄自伝』)日本の危機を救った。

そして最も復興を阻《はば》んだのが実は政府だった。

運輸省はＧＨＱにひたすら陳情を繰り返し、廃止が決まった改札制度を復活させた。一体それに何の意味があったのか。

警察は米兵や〝戦勝国民〟犯罪は放ったらかし。後藤田正晴《ごとうだまさはる》の下で警官の組合づくりに専念した。

それでも朝鮮人が闇米《やみごめ》を仕切りだすと経済警察を出動させた。初陣《ういじん》は羽越本線の闇米列車検束。世に言う坂町事件だが、結果は朝鮮人に逆襲され、敗退した。

その事件以降、経済警察は弱い日本人のみを狙《ねら》った。着物や骨董品《こっとうひん》を百姓に買い叩かれながら、やっと手にしたコメを松戸駅辺りで待ち伏せして押収《おうしゅう》した。コメは警官たちで分配した。

米国は、家畜飼料を日本向け食糧援助として無償供与した。大蔵官僚はそれを有料で払い下げて収益は官僚たちで山分けした。

米国も後に、あれは有償にすると言って五億ドルももっていった。

みんなで日本人を食い物にしたが、それでも日本人は復興を果たした。

今回の東北大震災復興ではかつての障害だった米国も台湾、韓国も協力してくれた。

ただ日本政府はいけなかった。在日から違法献金を受けた菅直人《かんなおと》はこのどさくさを利用してその嫌疑をとぼけ切り、前科のある反自衛隊の辻元《つじもと》清美を返り咲かせ、まともな日本人なら大嫌いな五百旗頭《いおきべ》真まで担《かつ》ぎ出した。国民に喧嘩《けんか》を売っているのかみたいな人事だ。

天下の大事、どんなに嫌いでも菅の下に結集をという高邁《こうまい》な意見はよく聞く。しかし前は国を当てにせず復興した。菅直人など当てにしたら末代までの恥になる。

（二〇一一年四月二十八日号）

盗人がエラそうなことを言うな

昭和二十年代、まだ東京タワーの建つ前の芝公園の外れに立派な池があった。池のほとりに縁日がたち、塗るだけで黒子《ほくろ》がとれる軟膏《なんこう》とか水の上を歩く下駄の製法秘伝書とかが子供たちの興味をそそった。

池の周囲の築山《つきやま》には戦時中の防空壕《ぼうくうごう》が残っていて人が棲みついていた。彼等は働き口を探しているが、ただ身なりが、と子供にまで余った服を無心した。年の離れた兄に相談するとそんなルンペンと付き合うなと言った。

世の中には資本家と労働者がいる。しかし労働者にもなれない脱落者がいてマルクスはそれを「ぼろを着た（ルンペン）プロレタリアート」と呼んだ。

でも働きたがっているから、失業者ではあっても脱落者というのはへんだといったら、ぼろを着ていたのだから立派なルンペンだと兄は言い張った。

同じぼろを着ていてもバタ屋というのが別にいた。

まだ集合住宅ができる前で、各家庭は家の前にゴミ箱を置いていた。生ゴミや落ち葉はどこの家庭でも庭で燃した。金物は別に屑屋《くずや》がいたから、さてどんなゴミを出したか覚えていないが、そのゴミ箱を浚《さら》うのがバタ屋だった。命名の根拠は上蓋《うわぶた》を開けてばたんと閉じる。その音からだと言われた。

ほかに乞食《こじき》もいたはずだが、アコーディオンを弾く傷痍《しょうい》軍人しか記憶にない。

乞食は托鉢《たくはつ》が原義で、食べ物を乞うという意味だが、日本の乞食は銭を乞うと室町時代にきた朝鮮通信使が驚きをもって記録している。そのころの朝鮮はまだ物々交換の時代で、貨幣や商いなど知らなかったからだ。

彼等はメッキの技法や紙漉《かみす》きの技術、とくに田に水を引く水車の作り方を尋ねた。その知識を持ち帰るのが使命だった。

日本は喜んで教えた。例えば水車は模型まで作ってやったが、彼らには難しすぎたのか普及はしなかった。

朝鮮通信使は暫《しばら》く中断の後、江戸時代に再びやってくるようになった。

十八世紀に大坂にきた金仁謙は自国の家の屋根が藁葺《わらぶき》なのに「日本はすべて瓦屋根《かわら》」だったのに驚き、「中国の伝説に言う楽園は大坂のことだった。漢城（今のソウル）の一万倍の素晴らしさだ。恨めしい」と嫉妬《しっと》を込めて記録している。

このころ彼等は供応の宴《うたげ》に出された蒔絵《まきえ》の塗り膳《ぜん》や床の間の陶磁器から夜具まで片端から盗んでいった。

見かねた新井白石は通信使の接遇を簡素化し、宴にいい器を出すのを禁じた。

何でも盗んでいったソウルが今頃になって「日本が奪った王朝儀軌《ぎき》を返せ」と言い出した。李氏朝鮮時代の歴史書だが、日本が持っているのはその写本だ。

同じ李朝の王様が作った諺文《おんもん》も忘れ、日本が復刻してやった。「儀軌」も同じ。原本とは別に写本を作り原本に足りない部分も日本が補って保管してきた。

案の定、彼等は原本を散逸してしまった。日韓基本条約ではお互い文化財も含む請求権を放棄しているが、ここは例の如《ごと》くというか因縁付けてごねるという竹島方式に出てきた。

正直言えば日本には持っていたところでそれがどうしたみたいなしろものだ。

むしろ日韓基本条約で放棄した京城大に残る大谷光瑞《おおたにこうずい》探検隊の考古学資料や対馬《つしま》の宗

家の文書の方がはるかに重要だが、彼らは返さない。因みにソウル博物館の目玉のミイラも大谷隊が発掘したものだ。

向こうからの返還要求に対しては対馬家文書やミイラだけでなく彼等が江戸時代、日本から盗んでいった蒔絵の塗り膳も取り返すいい機会になるはずだった。

そこに菅直人が出てきた。

友人が孫正義《そんまさよし》、股肱《ここう》の臣があちらの帰化人という陣立てだから、あっさり「儀軌」写本を返しますと約束してしまった。日本からの返還要求はなし。

韓国が強気だったのはサルコジが仏新幹線ＴＧＶの売り込みを条件に、奪った朝鮮古文書の返還をＯＫしたからだ。

フランスはギリシャからのパルテノンの遺物返還には断固応じていない。でも朝鮮ものには何の愛着も示さなかった。

そしたらホテルオークラがその庭園にうっそり立つ朝鮮石塔も返すという話になった。こっちはただでいいと。

みんな捨てられないゴミに悩んでいた。とてもいい機会だと思ったのだろうか。

（二〇一一年六月十六日号）

第三章　恥を知らぬも程がある

韓国大統領は親子二代で日本にタカる

今の朝鮮人の祖父母の時代は藁葺《わらぶ》きに泥壁の家で便所すらなかった。

貨幣経済も未発達で、だから店屋もなかった。着るのは無地の綿布で、男の子を産んだ女はそれを自慢して前をはだけ乳房を露《あらわ》にするのが習わしだった。

黄文雄《こうぶんゆう》は「アジアの秘境」と穏やかに表現するが、見たままなら「中緯度に紛れ込んだパプア集落」に近かった。

そんな未開の民の面倒は日本が見ろとセオドア・ルーズベルトが言った。「ウチは御免だ」と米国はさっさと公館を畳《たた》んで外交も絶った。日露戦争直後のことだ。

日本も嫌だった。この国の愚かさゆえに日本は日清、日露と二度の戦争を強《し》いられ、二つの戦役で十二万将兵を死なせた。

だから五年間保護領にし、インフラを整備してやって自立を待った。が、彼らはがやがや騒ぐだけ。挙句に併合反対の伊藤博文《ひろぶみ》まで暗殺してしまった。

かくて「禍《わざわい》は人間としての教育を施すことで取り除く」併合策が取られ、いわゆる日帝支配三十六年間が始まった。日本はその間、国家予算の二割を半島に注ぎ、秘境に文明の光を当て続けた。

例えば彼らは車の輪っかがつくれなかった。だから水車も荷車も汽車も知らなかった。それで保護領時代に日本は釜山《プサン》から京城（現ソウル）、さらに北の果て新義州を結ぶ半島縦断鉄道を開通させた。金大中が南北に分断されたままだった鉄道を再び繋げましたと騒いだのは、この京義線のことだ。

この鉄道は鴨緑江《おうりょくこう》を渡り満鉄、シベリア鉄道とも接続し、日帝支配が始まって三年目には秘境の民はソウルでロンドン行の切符を買えるようになった。

日本は学校を作り、今のハングル文字を教え、発電所を建てて家々に文明を灯《とも》した。乳房剝き出しの名もない女に良子とかの名をつけ、胸も隠すように教えた。

因《ちな》みに汚職も拷問《ごうもん》もないきれいな環境が嫌だと彼らが騒いだのは日帝支配三十六年間で三・一事件の一回だけだった。

日本は英米との戦争に敗れ、この面倒な民を米ソが後見することになった。日本はやっと重荷を下ろしたが、途端に半島で戦争が起きて南北で三百万も死んだ。日本は馬鹿《ばか》なマッカーサー憲法のおかげで戦争に巻き込まれずに済んだが、朝鮮の醸《かも》し出す業《ごう》はそんな簡単に払い落とせるものではなかった。

彼らは日本が作った鉄道やダム、さらに日本窒素など民間企業まで当時の金で総額九百億円に上る資産をただ没収した。この中には彼らには価値の分からない京城帝大の歴史コレクションも含まれていた。

加えて日本から重工業施設や機械類が山と運び込まれた。「日本には鍋釜《なべかま》以上の工業力は要らない」という賠償使節団長エドウィン・ポーレーの方針に従ったものだ。

朝鮮人はその上に日本から戦時賠償も取ろうとした。戦争もしていないのにそれはないだろうと社会党の鈴木茂三郎《もさぶろう》も呆《あき》れて断った。十年後に、朴正煕《パクチョンヒ》は「賠償の文言を削るからカネをくれ」と結局五億ドルを持って行った。当時の韓国の国家予算の二倍に当たる額だった。

朴はついでに技術協力もつけろと言い、日本の作ったインフラをベースに日本からきた機械と日本人の技術で一気に韓国工業の近代化を図った。

資金は日本政府から取ったカネに、在日パチンコ屋の運上金が充《あ》てられた。

これで成し遂げたのが世にいう「漢江《ハンガン》の奇跡」だ。

なんだ九〇パーセント日本のおかげじゃないかという声もあるが、残り一〇パーセントは確実に朝鮮人がやった。わずか一世紀前まで秘境にいた民を思えばそれは上出来だろう。

ちなみにその一〇パーセントには奇跡の象徴となる漢江に架かる聖水大橋がある。韓国人の架けた橋は築十五年で風もないのに崩落して三十二人が死んだ。五百人が崩落死したソウルの百貨店は築六年だから、それを考えれば三倍近い耐用年数はあった。

日本にたかって漢江の奇跡を生んだ朴正熙の娘が今度、大統領になった。

それだけで嫌な感じがしていたら就任演説で「第二の漢江の奇跡を起こす」と言った。

今度はどんな因縁をつけてたかる気なのか。

そんな教育をした覚えはないのに。


（二〇一三年三月十四日号）

韓国旅行の前に必ずやっておくこと

カーラジオを聞いていたら、なかにし礼が闘病記を語っていた。食道がんに気付くきっかけは「プールで泳いでいて自分の吐く息が臭かった」ことだったという。

こちらも昔、水泳部だったからよく分かる。ターンするときはサーフィンでいうパイプラインの中を行く形になる。その間ずっと自分の吐く息をかぎ続ける。二日酔いの朝練では酒の種類も食った肴《さかな》がなんだったかも思い出すほどだった。

なかにし礼は医者にその異変を告げた。が、加齢のせいでしょうという診断だった。七十代半ば。加齢臭と言われて不思議はないが、あれは皮脂腺に溜まるノネナールとかいう物質が醸し出す。口臭とは違うハズだ。

妻にも聞いた。答えは同じ。加齢のせいじゃあない、だった。

普通はそれで終ってしまうが、彼は違った。

「遊ぶ相手に嫌な思いをさせたくなかった」

妻とは違う女たちがいる。接触するときに失礼になるから、それでもっとよく調べて食道がんが見つかった。やっと口臭につながった。

実はなかにし礼は都立九段高校のOBになる。

ここまでの顚末《てんまつ》がいかにも九段らしかった。かつての東京市立一中は日比谷など府立のナンバースクールと違って「紺のブレザーに革のランドセル。ハイカラでモダンな学校」（週刊エコノミスト）だった。

山中毅《つよし》ら五輪級の選手が練習に来るほど設備の整った室内プールを持ち、外房には海の寮もあった。だからここのOBはみな泳げ、かついくつになっても泳いでいる。

それに遊び人も多い。彼のほか鬼籍に入ったが、山下汽船の御曹司山下米郎やら博報堂のコピーライター社長松尾昌介やら。

彼らは小さな異変でも遊びに関われば看過しない。九段の校風が結果的に重い病の発見に繋がった。

もう一つ。なかにし礼は「常識的な見立てへの不信感があった」という。

彼は「二十代のときに心筋梗塞で倒れた」体験がある。四十五歳の天海祐希が同じ心筋梗塞で倒れてあれほど世間を驚かせた。

二十代の売れっ子作詞家に似た症状が出ても「医者は別の病」を考え、本人も、「心臓に異常があるなど疑いもしなかった」

それで倒れた。心筋梗塞とは心臓を動かす筋肉に栄養を届ける三本の冠動脈のどれかが詰まる症状を言う。詰まれば、その先の心筋は壊死《えし》する。

彼の場合は心筋の三分の一が壊死した。そんな心臓では数時間に及ぶだろう外科手術にはとても堪《た》えられないと思った。それで陽子線治療を見つけ、生還を果たした。

「加齢とか常識的な判断で納得するな」と彼は締めたが、こちらもその危うい実体験を持っている。

韓国旅行を前に掛かりつけの歯科医にいってふと「寒くもないのに喉の根がきゅんとなる」と話した。歯科医は手にしたドリルをバッタと落とし、「オレが心筋梗塞で倒れたときの前駆症状と同じだ」と言った。

でもいつも通り走ったり泳いだりして、別に苦しくもないけれどと答えた。

歯科医はいう。旅先が韓国だろう。発作を起こしてもまともな病院は期待できない。みすみす命を落とすことになる。せめてニトロでも持って行けと。

で、病院に行った。結果、冠動脈三本のすべてに石灰化が見つかった。

旅行はやめよ、入院せよという診断が下った。カテーテル検査では冠動脈の七か所に危険部位が見つかり、ステント五本が入れられた。

これが米国とかへの旅だったら、こういう展開はない。韓国だったから助かった。

あの国は嫌な国だ。日本からの恩恵も忘れ、嘘《うそ》ばかりつく。今は二十万人の女を性の奴隷にしたと女大統領が騒ぎ、馬鹿な新聞は悪い日本への原爆投下は当然と言う。

笑って済ませてきた日本人がとうとう怒った。

朝日新聞も今回はまずいと思ったか韓国に同調する記事は出てもこない。

そこまで日本人の想いがまとまった。これも韓国のおかげと言えないか。

（二〇一三年六月六日号）

反日ヒステリーのもとは「妄想」

プノンペン王宮の正面に立つ木は異様だった。

棘《とげ》だらけの枝が幹に絡んで、そこに橙《だいだい》色というか肉色というか、テニスボール大の食虫花みたいな花がびっしりとついている。

名を聞くと「沙羅《さら》の木」という。お釈迦様は豚肉に中《あた》ってインド北部クシナガルの森で入滅《にゅうめつ》した。それを悲しんでお釈迦様の枕元に立つ二本の木がいっせいに花を咲かせた。いわゆる沙羅双樹《そうじゅ》の伝説だ。

日本ではもっと清楚な白い花弁の夏椿を沙羅といってきたが、この肉色の花が今は本物の沙羅として扱われている。

それが王宮の庭に植えられている理由もある。

沙羅の木の前にはシアヌーク国王の遺体が安置された正殿がある。国民が別れを告げたあと遺体はこの木の下を通り、左手の殯《もがり》の門から火葬場に運ばれた。

遺灰はメコンに流される。ただ王家に限って遺灰の一部が王宮に安置される。

つまり「王宮とは王家の墓所」（樋泉《ひいずみ》克夫・愛知大教授）で、だから沙羅が花を咲かせるのに最もふさわしい場所なのだという。

王家を除いて、この国には墓がない。カンボジアの大きな特徴だが、もう一つの特徴が「骨の髄までベトナム人を嫌う」心情だ。

彼らはかつてインドシナ半島で威を張った。それはアンコールワットの威容にもシェムレアプの地名にも窺《うかが》える。「シャムを討ち滅ぼした」という意味だ。

そこにベトナム人がきて戦ったもののすべて負け、穀倉地帯のメコンデルタまで奪われてしまった。

そして仏印時代。フランスの植民地に組み込まれると、フランス人代理としてこの国を仕切りにやってきたのがベトナム人だった。

ベトナム人は頭がいいし、商売もうまい。いつの間にかカンボジアの支配階層に入り込んで、医師も外交官も彼らが占めていった。

アオザイのベトナム女も魅力的だった。九〇年代、家庭の主婦たちが「売春婦を叩《たた》き出せ」とデモっている現場に行き合わせたことがあった。

夫の稼ぎをベトナム女に取られるのが悔しいという理由だった。カンボジア政府が動いてホントにベトナム系ホステスらが検挙されていた。

なにをやってもベトナム人には敵《かな》わない。この国民的怨念に乗ったのが実はポル・ポト派だった。

ポト派の残虐《ざんぎゃく》はまずメコン川に浮いた死体の山だった。犠牲となったのはカンボジアの人口の三分の一を占めるベトナム系カンボジア人で、このときは数万人が殺された。

民族の純血を訴えたポト派が次にやったのが都市に住む人々の下放《かほう》だった。

農民は不器用なクメール人。下放されてきた都市人間はベトナム人かその血族という構図になる。

二万人を拷問し、処刑したツールスレン収容所も同じ。拷問されたのがベトナム系の知識階級で、拷問する少年兵は農民の子弟、つまりクメール人だった。

処刑はツールスレンから十五キロ南のチュン・エクにある華僑《かきょう》の墓地で行われた。

最近ここで首のない百九十体の遺骨が出た。首なし遺体の主はポト派のベトナム系兵士たちと分かった。立派な毛沢東思想の闘争も最後は民族の血が決めた。

今の首相フンセンもベトナム系だった。彼は身の危険を感じて逃げ、やがてベトナム軍とともに戻ってポト派を倒して今日にいたる。

今カンボジアで「ツールスレンはなかった」「ポト派の虐殺もなかった」説がかまびすしい。「あれはベトナム人の作り話だ」と。

ナチスの「ガス室はなかった」話に似た雰囲気だが、言い出したのはクメールの野党代表。フンセンが権勢を振るい、ベトナムもますます経済支配を強めるのに苛立ったクメール人の怒りがその根にあるといわれる。

それを見て、ふとお隣の韓国を思い出した。工業化をするにもおんぶに抱っこ、経済破綻《はたん》すれば何度も救ってもらった。

何をやるにも日本に手を引かれてきた過去の思い出が今ごろ憎悪《ぞうお》になった。

ポト派なみに虐殺しようにも日本人は手近に居ない。で、慰安婦やら竹島やら、妄想を育ててはヒステリーをぶつける。

こちらも一緒に住みたいなんて思っていない。


（二〇一三年七月十八日号）

朝日は「危ない韓国機」をなぜかばう

国内線だけ飛んでいた全日空に海外チャーター運航が許されたのは七〇年代初めだった。

東南アジア向けの飛行はまだ戦争中のベトナム上空を飛んだ。

「北爆に行くB52の編隊とすれ違ったこともあった。晴れた日には、眼下の緑の中に戦火が見えた」

「雲が広がるときはなるべく高く飛んだ。時々、雲の絨毯《じゅうたん》からぬっとミサイルが飛び出してくるからだ。この高度にこないのは知っていたが気持ちいいものではなかった」

戦前は南方方面軍に配属され、この辺を飛び回っていた森和人機長の話だ。

それから半世紀。地対空ミサイルはうんと性能を上げた。ウクライナ上空の雲間から出てきたミサイルは三万三千フィートを飛ぶマレーシア航空機をごく無造作に破壊した。操縦室から非常事態を告げるコールもなかった。散乱する遺体はみな裸。多分、機体は一瞬のうちに破断し、乗客は何が起きたかを知る前に失神したと思われる。

ミサイルを撃ったのはウクライナ東部に頑張る親ロシア派と言われる。

高性能兵器の威力もコワさも知らず、ただドンパチ撃つ。赤塚不二夫の目ん玉つながりのお巡《まわ》りみたいな連中だ。

そんな連中による事件が過去にもいっぱいあると朝日新聞の天声人語が書いていた。

まず「思い出されるのは三十一年前、サハリン上空でソ連軍戦闘機に撃墜された大韓航空機事故」だとある。

多分、根本清樹の筆だろうが、ここに大韓機撃墜事件を引き合いに出すのは大間違いだし、ヒトを騙《だま》くらかす臭みも感じる。

なぜ間違いかは落とされた大韓機の航跡を見れば分かる。

この機は夜の帳《とばり》を追ってアンカレジを離陸し、ソウルを目指した。

どうソウルを目指すか。飛行機の航法はその昔は目視に頼った。

でも雲が覆《おお》うともう飛べなくなる。で、次に中波ラジオを積んで各国の放送を頼りに飛んだ。その名残が各国の機体登録番号で、当時の中波放送局、日本ならJOAKの一字Jを取った。英国はG、米国はNだ。

戦後は無指向性無線標識NDBなど電波灯台がシベリアの果てまで置かれ、ラジオ局がないところも飛べるようになった。

そして今は自蔵慣性航法装置で飛ぶ。簡単に言えば三方向を向くジャイロを回転させ、横風や追い風成分を分析して、自分で自分の位置を割り出し、与えられた目的地に飛んでいく。目をつぶっていても今は飛べる時代に入った。

しかし大韓機は出発前に間違った位置情報をインプットしてしまった。

離陸三時間後、機は四百キロも北側にずれてカムチャツカ半島のソ連側の防空識別圏を侵犯する。そのまま半島の上空に入り、一時間近く地面の上を飛行している。

本来の航空路R20はずっと洋上飛行が続く。島影ひとつ見えない。いくら夜でもまともな操縦要員ならこの異変に気づいただろう。

やがてソ連側も頭上の侵犯機に気づく。ソ連機がスクランブル発進するが、このときは大韓機はもう半島をよぎってオホーツク海に出ていた。

さらに一時間後。機は北海道襟裳《えりも》岬沖の太平洋上を飛んでいるはずが、実際は七百五十キロも北にずれた北海道の反対側、樺太《からふと》上空にあった。

ソ連機は今度こそ逃がさなかった。スホイ機が追いつき曳光弾《えいこうだん》で威嚇《いかく》射撃を加える。反応はなかった。スホイ機は大韓機と暫《しばら》く機首を並べて飛んでもいる。

しかしボイスレコーダーには操縦士たちの雑談しか残っていない。

追尾開始から十七分後、スホイ機はミサイルを発射する。大韓機は小破し、与圧が抜けたが、操縦系統は一つが生きていて、ために乗客は北海道沖の海に落ちるまで十二分間、ずっと迫る死の恐怖に苛《さいな》まれ続けた。

事故の責任は自機が今どこを飛んでいるのか、数時間も確認しなかった大韓機乗員にある。セウォル号の船長とほとんど同じだ。

天声人語はそれを隠してソ連機に全責任を押し付け、大韓機をまっさらに仕立てる。

あの国の乗り物はみんな危ないとなぜ正直に書かないのか。


（二〇一四年八月七日号）

オランダ人の祖先は韓国人という説

日本が最初に付き合った外国人はポルトガルなど黒い瞳のラテン系で、いわゆる紅毛《こうもう》碧眼《へきがん》はオランダ人が初になる。

しかし紅毛もラテンも決していいイメージは持たれなかった。イエズス会のポルトガル人コエリヨなどはキリストの福音を説きながら裏で日本女性を性奴隷に売り払い、秀吉から伴天連《ばてれん》追放令を喰《くら》っている。

碧眼のオランダ人はもっとたちが悪い。日本人は黒人奴隷を家畜のように扱う彼らを見てほとほと愛想を尽かした。

おまけに彼らは風呂に入らない。臭く、不潔だった。彼らは一年おきに江戸城に参府するが、それを詠んだ句がある。「登城する紅毛に蠅のついて行き」

間もなく明治ご維新というころ福島の高野廣八《ひろはち》を頭に旅芸人一座が米国から欧州を巡業した。

パリでもロンドンでも大入りと大歓迎を受けた一座がオランダに入ると、途端に空気が変わったと廣八は日記に書いている。

街に出た廣八はオランダ人に囲まれ、悪態をつかれ、突っかかられ、「大喧嘩《おおげんか》と相成り」、ついには「大刀を引き抜き、無二無三に振りちらして」やっと追い払った。

「人わるし。また国もわるし」と彼に酷評されたオランダは真珠湾の後、頼まれもしないのに日本に宣戦布告してきた。

日本は英米を叩いた後の昭和十七年三月、彼らの宣戦に応えてジャワ島に上陸した。

オランダ軍の主力八万が籠《こも》るバンドン要塞に先陣の一個大隊七百人が取りつき、一週間で要塞の一角を落とした。

オランダ兵はそれを見て震え上がって白旗を上げた。

中国人雑兵を含め、日本が戦った相手でここまで臆病な敵はいなかった。

しかし捕虜になった彼らは恥じもせず、満足な収容施設と待遇を要求した。

オランダは英米と手を組んで日本を経済封鎖した。食っていけなくなったから日本は戦端を開いた。

その貧しい日本に八万オランダ人捕虜は十分食わせろという。シンガポールでも英国人十万が、フィリピンでは米国人三万が同じように過分な取り扱いを求めた。

軍令部にあった高松宮さまは「割に合わぬ話なり」と感想を語られている。

結局、終戦まで寝て暮らしたオランダ人は戦後、日本側の待遇に因縁をつけて連合国軍の中で最多の二百二十六人を報復処刑した。

最後に処刑されたのは堀内豊秋《とよあき》大佐。セレベス島メナドに降下した海軍落下傘部隊の隊長で、逃げ回ったオランダ軍現地司令官F・ティウォン大佐を捕虜にした。

戦後、この男が堀内大佐を告発し、自ら裁判官になって彼に死刑を宣告した。

なぜ死刑かとの日本人弁護人の問いにティウォンは「なぜなら彼が日本人だからだ」と答えた。

高松宮さまがユリアナ女王に大佐の助命を乞《こ》うたが、女王は無視し、大佐は昭和二十三年九月二十五日、メナドで処刑された。ティウォンほどの卑劣漢を他に知らない。

オランダは戦後賠償でも十分にいやらしさを発揮した。当初、紳士面して賠償放棄を公言しながら陰で当時の金で三十六億円を取った。

さらに一九九一年、訪日したベアトリクス女王が宮中晩餐会の席で「日本には賠償を払う義務がある」と非礼の挨拶をし、二度目の賠償金を取り立てた。

その二年前の昭和天皇の御大喪にはオランダ王室だけが欠席した。

ちなみに昭和天皇は昭和四十六年にオランダを訪問されたが、オランダ人はお車に生卵と鉄製の湯たんぽを投げつけ、植樹された苗木も抜き折って歓迎した。

そのオランダの新国王訪日を前に先日、外相ティマーマンスが会見して「慰安婦も河野談話も生きている」と語った。

朝日新聞が慰安婦の虚構を懺悔《ざんげ》したのを受けてオランダの姿勢を語ったもので、外相は「今後も両国の高官会談では常に慰安婦問題を提起する」（朝日新聞）と付け加えた。

新国王も宮中晩餐会の席上でカネを要求するという意味なのだろう。

オランダ人の祖先が韓国人だと聞いてもそう驚かない。

（二〇一四年十月二十三日号）

産経ソウル支局長の「記者冥利」とは

ホメイニ師のテヘランは怖いところだった。

イラン・イラク戦争さなかだったから毎夜のように二百五十キロ爆弾が降ってきた。街に出れば銃をもった義勇兵《バシジ》が横隊で道を塞《ふさ》いで検問していた。酒の臭いをさせていたら外国人でもいたぶられた。

取材ビザをもった特派員だって、別に特恵があるわけではなかった。

毎日新聞と東京新聞の特派員が相次いで国外追放された。情報省は理由を明らかにしなかったが、闇《やみ》ドルとか女とかに手を出したという噂はあった。

まともな取材をしていても問題を起こすことがあった。

ある筋から「信用状が落ちなかった」話を聞いた。社会部出身だからその重みが今一つ分からなかった。

で、特派員仲間の経済紙記者に聞いた。彼はすごく興奮してネタをシェアする条件で解説してくれた。

信用状はその国の中央銀行の決済保証を言う。輸出代金を回収しようとしたら決済できなかった、となるとその国のカントリーリスクは跳ね上がる。

イランは戦争中だったが、そんな失態は一度もなかった。だから「落ちなかった」のは大ごとだった。経済紙は翌日一面にでかでかとやった。こちらは担当デスクがネタの重さを理解できず中面に小さく載せた。経済紙の大特ダネに見えた。

二週間後、その経済紙記者が国外追放になった。今度も理由は不明だったが、間もなくして察しがついた。

ある日、我が支局に警官が踏み込んできた。「このビルに泥棒が逃げ込んだ」という見えすいた口実だった。女の助手はチャドルを脱いでタンクトップ姿だった。咄嗟《とっさ》に便所に隠れたが、見つかっていれば彼女はしょっ引かれ、こっちも尻の穴まで調べられた。禁制の酒も隠してあったたし、取材メモには信用状の一件もその取材源も書かれていた。

おそらくウチの新聞の中面の記事がばれたのだろう。今さら処分では彼らの検閲の杜《ず》撰《さん》さが指摘される。でも腹が立つ、脅してやれ、で踏み込んできたのに間違いなかった。

以来、その筋からの物言いが増えた。

ホメイニ師のシーア派は豚とともに「犬もまた不浄なり」と規定する。だから子供まで犬を見つけると石をぶつけた。そんな他愛ない話でも当局に呼び出された。

ある日、電話に出た助手が青ざめた。「ホメイニ師を侮辱した件で審問する」という呼び出しだった。

コメが空前の高値を続ける。政府が放置する理由が「コーランには小麦とデイツ（棗《なつめ》ヤシの実）の買い占めは禁じてもコメは書いていないから」だった。

それはヘンだろうとコラムに書いた中にホメイニ師の教えを引用した。

「砂漠でのトイレには手ごろな丸い石で二度拭けとある。手ごろでない大石なら腰を痛める。丸くなければお尻が痛い。手ごろなら二度拭けば余白はない。すべて理に適《かな》っている」

合理を尊ぶ指導者の教えはどこに行ったのかとコラムを結んでいる。それが問題だという。

指定の部屋にいったら一段高いところに三人の聖職者が座っていた。紛れもない宗教裁判の法廷だった。

　ペルシャ語に翻訳された記事に間違いないかの確認が求められ、ホメイニ師の教えの出典を聞かれた。英訳の教本を示した。

「その中に教えは何項目あるか」

　四百くらいと答えたら「その十倍だ」とたしなめられ、その中から「なぜお尻の話をわざわざ選んだのか」と畳みかけられた。

　答えに一瞬詰まった。

　法廷はそれで悪意があったと断じた。処分は記者の身分剝奪と当分の間の出国禁止。その間に刑務所入りか国外追放かを決め、連絡するとのことだった。

　有名なエビン刑務所はテヘラン市内から見上げるエルブルーズ山脈の中腹にある。塀の中が市内からでもよく見えた。

　向こうからこの支局が見えるか、ちょっと興味はあったが、流石《さすが》に入牢待ちは堪《こた》えた。折からバスラ攻略戦があって、殊勝そうにそっちに行って取材したいと言ったら処分を中断してくれた。イランはまだまともな国だった。

　降ってくる爆弾も含めて緊張感ある特派員生活はいい思い出と財産になった。

いま、産経新聞の加藤ソウル支局長が朴槿恵《パククネ》に恨まれ、足止めされている。栄光の歴史を持つイランと違って日本が行くまで荷車も文化もなかった国だ。未開人相手の怖さもあるだろうが、身をもってその後進性を暴《あば》くのもまた記者冥利《みょうり》と言えないだろうか。

（二〇一四年十二月四日号）

韓国人はどうしてキレやすいのか

中国で初めて電気の灯が点《とも》ったのは北京郊外頤和園《いわえん》の西太后の寝室だった。「アイヤー」と感激した西太后は点したドイツ人に電気事業の一切を授けた。ドイツ人が今でも中国で大きな顔をし、メルケルが大事にされる理由がここにある。

西太后は走る汽車にもアイヤーと驚き、これも外国企業にすべてを任せた。基礎を学ばず、でき合いを外国に頼んできたから中国人は今も電気がなぜ明るいのか、汽車がなぜ走るのか分かっていない。新幹線を真似ても前に進むよりは下に落ちるものしかつくれないのもこうした歴史が背景にある。

その点、日本は違った。外国に任せず、外国人を呼んでノウハウを学び、基礎から日本人がつくる方式を取ってきた。

だから明治五年には自前の鉄道を走らせ、明治二十年には火力発電所が運転を始め、やがて日本製のフィラメントが点るようになった。

ただ、学ぶために招いたお雇い外国人がみな立派かというとそうでもないものもいた。たとえば中国の定遠《ていえん》に敵う海軍力をと頼んだフランスの技官エミール・ベルタンは四千トンの艦に一万トン級の軍艦が載せる巨砲を、それも後ろ向きに取りつけた。日本は危うく日清戦争に負けるところだった。

外務省が雇った米外交官ヘンリー・デニスンはもっといかがわしかった。

彼は明治十三年から大正期まで実に三十五年間も日本外交を仕切った。表向きは不平等条約の改正に励み、日清戦争の下関条約を華麗な英文にし、日露戦争講和では小村寿太郎をよろしく助けたことになっている。

しかし歴史ははっきり異論を唱える。例えば遼東半島についての三国干渉だ。白人国家の専横に対しデニスンは論議を避け、黙って受け入れることを勧めた。

日露戦争ではロシア艦隊を殲滅《せんめつ》した日本は「ロシア船の無制限拿捕《だほ》も可能。もはやロシアの敗北は決まった」（ニューヨーク・タイムズ紙）状態だった。

だからシベリアの半分は日本のものと言われたのにデニスンがアドバイスしたポーツ

マス条約では領土割譲もなしなら賠償金もゼロ。赤ん坊がやったって変わらなかった。不平等条約も伊藤博文の顧問ダーラム・スティーブンスが実際にメキシコとの間での交渉を行い不平等撤廃の道を開いた。

日本には横腹にナイフのような形で朝鮮半島がある。そこが揺れるたびに日本は戦争に巻き込まれてきた。

半島はそのまま日本の安全保障に繋がるが、デニスンは動かない。対してスティーブンスは朝鮮の外交権を日本が預かる形を伊藤に勧め、実際、彼が朝鮮政府の外交顧問に就いて暴走を防ぐ役割を担《にな》った。

ルーズベルトも同じ。朝鮮に国家としての能力がないと判断し、朝鮮にあった米公館を閉じた。ついでに日本に朝鮮併合を促したが、彼らの実態を知る日本は謝絶した。

そんな折、一時帰国したスティーブンスがサンフランシスコで日米の朝鮮問題の取り組みについて記者会見した。

彼ははっきり朝鮮王室も政府も腐敗しきっていること、両班《ヤンバン》が民を好きに略奪し、民は愚昧《ぐまい》のままおかれていること、国としての形もないことを語った。「いま日本の存在感が増していくのに伴って民は大きな恩恵を受けている」と会見を結んだ。

翌日、新聞を読んだ四人の在米朝鮮人がホテルに押しかけ、彼の発言に抗議した。「国に戻って自分の目で確かめてみれば」と諭《さと》す彼を四人は椅子で殴り倒した。

その翌日、フェリー乗り場で待ち伏せしていた別の朝鮮人二人が彼を銃で狙撃し、デニスンより優れた米国外交官は死亡した。

襲った六人には特別の背景はなかった。朝鮮人なら誰でもがそうするように腹が立つと見境がなくなって相手を椅子で殴り、殺してしまう。

米紙は理解を超えた朝鮮人の国民性に強い警戒感を訴えたが、先の戦争では日本と朝鮮の立場を入れ替えた。日本の方を「警戒すべき国民性」に仕立てた。

スティーブンスが撃たれてから一世紀。今度はソウルで米大使が斬られた。

襲った犯人は米国務次官の談話に腹が立ったからとその動機をいう。あの国民性は百年変わらない。

（二〇一五年三月十九日号）

韓国人は旭日旗を振れ

ペリーは日本にきたとき「意に背けば江戸を焼き払う。降参したいときはこれを使え」と二旒《りゅう》の白旗を置いていった。

藤岡信勝がこのエピソードを『教科書が教えない歴史』で紹介すると東大教授の宮地正人らが「米国人はそんな酷《ひど》いことをしない」と反論し、ひところ大騒ぎになった。

米国は戦う相手、例えばインディアン部族にも白旗の使い方を教えた。

ペリーが帰国した後、コロラドのサンドクリークでシャイアン族の集落を騎兵隊が襲った。「シャイアンの女たちは六歳の幼女に白旗を持たせて戦意のないことを告げたが、白人たちはまずその幼女を撃ち殺し、女たちも皆殺しにした。彼らは女たちの頭の皮をナイフで剝《は》ぎ取った」（ロバート・ベント）

サウスダコタ州ウーンデド・ニーでも一八九〇年、第七騎兵隊がスー族を襲った。スー族は教えられたとおりに白旗を揚げたが、彼らは構わず女子供など三百人を殺した。

宮地はペリーが白旗を渡したという文書がどうのと信用度を云々《うんぬん》するが、歴史学者なら米国人が歴史の中で有色人種にどう振る舞ったかを基に「白旗を渡した」蓋然《がいぜん》性を考えるべきだろう。

実際、米国人は建国前からインディアンを騙して土地を奪い、白旗を掲げても殺してきた。

日本に来た後、フィリピンでも独立させると民を騙し、植民地にし、抵抗する者はひたすら殺した。「最低でも二十万人は殺した」との米上院公聴会での証言も残っている。インディアンと同じモンゴロイドの日本人にペリーがどう振る舞ったかくらいは子供だって推測できる。

ウーンデド・ニーの殺戮から四年後、日本は清と戦ったが、ここでも白旗問題が起きている。

明治二十七年七月、今の韓国豊島沖で巡洋艦「浪速《なにわ》」が同クラスの「済遠《さいえん》」と遭遇した。砲撃が始まり、被弾した「済遠」は白旗を掲げ、停船した。しかし日本艦が近づくのを待って二基の魚雷を発射して遁走した。

中国が絶対に大国になれない理由の一つがこういう国際法のルールすら守らない破廉恥な国民性にある。

因みに逃げた「済遠」は二か月後の黄海海戦でも仲間の船が日本艦にバタバタ沈められていくのを見て、海戦史上初の敵前逃亡をやった。西太后は二度も恥ずかしい行為をした漢民族の艦長方伯謙を斬首にしている。

それから十年後の明治三十八年五月二十七日、連合艦隊はロシアのバルチック艦隊と日本海でまみえる。

午後二時、有名な百五十度の敵前回頭をやった東郷艦隊は午後三時、戦艦「オスラビア」を沈め、以後の七時間で戦艦、巡洋艦十六隻《せき》を沈めてしまった。

翌二十八日、ウラジオストークに逃げる残存艦の前に再び連合艦隊が現われる。

戦艦「オリョール」の水夫ノビコフ・プリボイは著書『ツシマ』にこう書く。

「取り囲む敵艦の中に昨日我が艦隊と渡り合った主力戦艦、巡洋艦もいた。マスト一本、煙突一本倒れておらず、艦橋にも破損個所はなかった。我が艦隊をあれほどやっつけておいて自分はちっとも損害を受けなかったと見える」

残存艦隊司令官のネボガトフ提督は降伏を決め、旗艦「ニコライ一世」のマストに白旗を揚げた。プリボイの艦でもテーブルクロスで代用した白旗が揚げられた。

「旗艦の艦尾に掲げられたロシア海軍旗のアンドレーエフ旗も下ろされ、日本の旭日旗が揚がった」

国際法規には降伏する場合、白旗を揚げたうえ、この艦の持ち主は貴方ですという意味で「艦尾に降伏した相手国の海軍旗を掲げる」のが形とされている。

プリボイの艦でも出港時に用意していた日本の海軍旗を粛々と艦尾に掲げた。

先の戦争当時、日本と戦ってもいない韓国が「侵略の象徴」とか言って、旭日旗をやたら毛嫌いし、因縁をつける。

それは勝手だが、いつか日本との海戦のとき、旭日旗を掲げないと降伏と見なされず沈められてしまう。

白旗だけではだめなことは知っておいた方がいい。

（二〇一五年四月二十三日号）

第四章　朝日と韓国はこんなに似ている

朝鮮人軍属にもこんな立派な人物が

ロレンス・バンデルポストは南アに住みついたオランダ系の父とドイツ系の母の間に生まれた。

父の国も母の国もあまり日本を快く思わない。

だから今でも日本人が迂闊《うかつ》にこの二つの国に入ろうとすると「持っているカメラは売るつもりだろう」とか因縁をつけて法外な金を税関が徴収する。

嫌だと言えば没収される。少し前にフランクフルト空港で著名な日系バイオリニストが演奏用に持っていたストラディバリュスに「転売しないという保証書がない」と因縁をつけて一億二千万円を徴収しようとした。

そんな血筋だからバンデルポストも日本には少し歪《ゆが》んだ視線を向けていた可能性は高

い。

彼は先の大戦で英軍に志願し、中東を経てジャワに着任したとき、オランダが日本に宣戦布告した。

それから四か月後、日本の一個大隊が八万の白人が守る要塞を攻めたら、まともな抵抗もしないでたった一週間で白旗をあげた。

それはフィリピンでもマレーでも同じ。彼らが盾にしたフィリピン兵やインド兵がやられてしまうと白人たちはさっさと降参した。

あとは捕虜収容所で寝て暮らす。日本軍はこんな連中を養いながら戦争を継続しなければならなかった。

バンデルポストはそんな日本軍に感謝の気持ちも持っていない。逆に偉そうに「日本人の正気を疑う」といった感想を語っている。

ただ『ロシアへの旅』で見せたように人種の機微についてはちゃんとした観察眼をもっていた。

『戦場のメリークリスマス』の名で映画化された彼の作品では、日本人軍曹ハラと粗野で残忍な朝鮮人軍属カネモトをきちんと描き分けている。

カネモトは捕虜を痛めつけ、挙句に力ずくで犯してしまう。

それを責められ、かっとなって腹にナイフを突き立てる辺りは今どきの韓国の反日デモを彷彿《ほうふつ》とさせる。

中国人孤児が書いた『七歳の捕虜』にもそんな朝鮮人が登場している。

孤児は日本名を光俊明《ひかりとしあき》という。姓の光は第三十七光師団から取ったもので、彼は昭和十八年、河南省王爺廟で戦闘中の同師団二二七部隊第七中隊に拾われた。

以後、大陸打通作戦に参加した中隊とともに桂林から南寧へ。そして仏印に入ったところで終戦を迎える。

戦後は軍医の養子になって日本で育ち、貿易商を営みながら体験を綴ったのがこの本だが、中に二点、興味深い記述がある。

一つは行き逢う日本軍部隊に彼と同じ境遇の中国人孤児が拾われ、可愛がられて転戦している姿だ。

その一人が俊明に日本軍はもう負ける、見切り時だと脱走を促す場面はいかにも中国人らしくて笑えた。

もう一つが日本名の朝鮮人たちの振る舞いだ。日本名になって急に中国人に威張り散らし、ときには暴力沙汰も起こす。俊明も「親なし子の中国人」と悪態をつかれたと告白している。

「月刊中国」の鳴霞《めいか》女史によると満洲では日本の威を借りて暴れる彼らを「高麗棒子」と呼んで、随分嫌っていたという。

バンデルポストが紹介したように戦場でも高麗棒子は知られた存在だった。

戦場に彼らが来たのは予想外の捕虜の多さからだ。何万もの俘虜《ふりょ》に日本軍がかかずらうのは作戦にも響く。かくて看守要員に朝鮮人三千人が動員された。

そして敗戦。捕虜と地位が逆転すると、日ごろの行いもある。多くが捕虜虐待《ぎゃくたい》で訴追され、四パーセントに当たる百二十九人が有罪。うち二十三人が処刑されている。

先日の朝日新聞に朝鮮人元軍属が韓国政府を訴えましたとあった。

訴えの趣旨は今一つ理解できないが、訴えた元軍属は戦後すぐ捕虜虐待で告発され、長らく死刑囚監房に繋がれていたという。

よほど白人のうらみを買ったのだろう。今の韓国人を見ていてもよく分かる気がするが、それでも死刑はなかろう。彼ら白人はアジアでさんざ悪さをし、さあ日本軍が来たらすぐ降参だ。

楽な捕虜生活を選んだつもりだった彼らに現実の厳しさを高麗棒子が教えたとすれば、むしろいい教訓と思うべきだろう。

（二〇一五年六月二十五日号）

沖縄はなぜ韓国に似るのか

中国を囲む国々は気が向くと万里の長城を越えて中国を蹂躙《じゅうりん》しにいった。匈奴《きょうど》は漢を脅して食糧を貢《みつ》がせ、ついでに四大美女の一人、王昭君《おうしょうくん》も得た。鮮卑《せんぴ》は中原《ちゅうげん》を制して唐王朝を建てた。吐蕃《とばん》はその唐の都、長安を攻め落として荒らした。

モンゴルが征服にきて、暫《しばら》く後に満洲族も侵略し、ともに中国人を奴隷支配した。中国人に言わせれば日本も彼らの領土を取り、さらに文化的にも支配したという。彼らの憲法に遣《つか》う言葉の七五パーセントは日本がつくった〝漢字〟だからだ。

そういう周辺の「四夷八蛮《しいはちばん》」がそれぞれに中国を支配した経験を持つのに、一番近い「我が朝鮮だけは中原を支配できなかった。何と情けない国か」と朝鮮人儒学者の林白湖は嘆いた。

理由はある。朝鮮が歴史に顔を出した途端、日本や中国に支配され続けた。並みの国は戦争して奴隷を得るが、朝鮮は勝ったためしがないから自国民を奴隷にした。結果、世にも不思議な「自給自足的奴隷国家ができた」（黄文雄《こうぶんゆう》）。奴隷は人口の四〇パーセントを占める。女も奴隷と似たような境遇で、日帝支配まで彼女たちは名も与えられず、男児を産むと両の乳房を露出する奇習に生きてきた。

資源も人材もない「見捨てられた国」の評判はあまりよくなかった。「民は無能で見栄っ張りで、努力を嫌う」（ゴンチャロフ）。だから山野は荒れるがまま。この国をさらに貧しくした。

「自らを改革する能力に欠けて」（イザベラ・バード）いるくせに気位だけは高く、妬《ねた》みは世界で一番強いときている。

格下と勝手に思い込んでいた日本から独立を促されると中国に擦り寄って日清戦争の原因を作った。

日本が清に勝って、朝鮮を独立させると、今度はロシアを呼び込んだ。嫉妬《しっと》に加え、この国の生来の腰巾着根性が地域の不安定化を促し続けた。

それで日本はロシアとも戦う羽目に陥った。

セオドア・ルーズベルトは太平洋を挟んだ日本について、「深刻な脅威と感じる」とアルフレッド・マハンに書き送っている。

その日本が日本海海戦でロシアに大勝するのを見て、彼は一週間後に日露の講和を仕切ると言い出した。

彼は「脅威の日本」がこれ以上強くならないようロシアから一銭の賠償金も寸土の割譲もないポーツマス条約を押し付けた。

彼は「朝鮮を日本に押し付ける」（C・ショー『朝鮮独立を破壊した外圧』）ことも思いついた。

厄介な国を背負い込ませれば日本は困惑し、疲弊するだろう。事実もその通りになった。国家予算の二割をつぎ込んで近代化してやったのに感謝するどころか、逆に「千年の恨み」を口にし、今も日本人の神経を逆なでし続ける。

沖縄は朝鮮に似る。かつての琉球王朝は北朝鮮と同じで、共産主義独裁を布《し》き、民を苦しめ、農地を荒廃させた。

見かねた島津藩が介入し、悪政を廃し、民は喜んだ。

明治維新後、鍋島公が県知事で赴任すると、琉球王はその地位を失うからと清に救援を乞い、英国にも直訴した。

ハーグ万国平和会議に直訴した李氏《りし》朝鮮と同じことをその三十年前にやっていた。

先の戦争で米軍は沖縄を太平洋戦略拠点として総力を挙げて占領した。アマーコストはその重要性を「宝石」に譬《たと》えた。

日本は懸命に守った。特攻を繰り出し、戦艦大和も出した。それを「捨石にされた」と恨み言をいう。被害者意識は朝鮮の言う「七奪」より酷《ひど》い。

第三代の沖縄高等弁務官ポール・キャラウェーは沖縄を「日本も羨《うらや》む高所得地域にする」と金融を支援し、医療環境も改善した。

しかし銀行が選んだ融資先は身内や地元の顔役だけ。いい医薬品は日本本土にみな横流しした。

米国の善意は特権と腐敗しか生み出さなかった。

無能で見栄っ張りで努力もしない朝鮮とよく似る。そのくせ口では自治拡大を叫ぶ。キャラウェーは切れて「沖縄の自治など神話だ」と言った。

沖縄にかまけて、ふと気付くと日本は五輪を開くほど復活していた。「脅威の日本」

の再来を見た米国はセオドア・ルーズベルトを思い出した。

そうだ。厄介者は日本に押し付けよう。日本は困惑し、朝鮮を押し付けられた時と同じように疲弊するだろう。

翁長《おなが》は朴槿恵《パククネ》に似て、米国の期待によく応《こた》えている。

（二〇一五年八月十三日・二十日号）

戦後七十年「安倍談話」を読み込む

戦後七十年に出された安倍談話は実に奥が深い。

例えば締めの「我が国は自由、民主主義、人権といった基本的価値を共有する国々と手を携えていく」というくだり。

これはどう読んでも人権など糞くらえ、チベット、ウイグルを侵略して一向に恥じない中国とは付き合わないと宣言している。

そう言えば外務省は先日、韓国の基礎データから「(日本と)基本的価値観を共有する」という部分を削除した。

中国だけじゃない、韓国とも絶縁すると談話は言っている。

地域問題では苦難の歴史を刻んだ「アジア諸国」として「インドネシア、フィリピン」に続いて「台湾」を挙げた。

台湾を国扱いすると大騒ぎする国がある。今年一月、米ハーバード大で行われた模擬国連会議で「台湾を国名扱いした」と中国人学生が騒ぎ、結局、その中国人が「会場からつまみ出された」（環球時報）事件があった。

東日本大震災二周年の追悼式では台湾代表が各国代表と同格で献花した。

その前年はあの民主党政権が仕切っていた時期で、中国に気兼ねして台湾代表を献花の列から外した。

民主党が崩壊してやっとまともな政権ができた。台湾が献花の列に戻ったら中国外交部のあの高慢な華春瑩が顎を突き出して「許さない」と怒ったが何の反応もなかった。

今度は閣議決定付きの首相談話での台湾言及。そこで語られた「台湾」はぐんと重みを増したけれど、なぜか華春瑩からの怒りの声は聞こえてこなかった。

中国に対する「手を携えない」絶縁宣言と併《あわ》せて予想を超えた文言にどう対応したらいいのか、彼女も戸惑ったのだろう。

それ以上に安倍談話の神髄は書き出しにある。

過去の談話は真っ暗な舞台中央に日本がスポットを浴びて立ち「私たち日本は国策を

誤り、アジア諸国を侵略し植民地化し、人々に酷いことをしました」と告解する独り舞台が形だった。

しかし今回は舞台背景に第三世界が広がり、そこを欧米列強が食い荒らすシルエットが映し出される。

そして花道から日本が登場し、舞台中央で極悪欧米の代表ロシアを完膚なきまでに叩《たた》きのめした。

それが「植民地支配下にあった人々を勇気づけた」と首相談話は語る。

しかし欧米に反省はない。現に米国は日露戦争の二年前までフィリピンで住民を殺しまくり、その後も圧政を続けた。そして生粋《きっすい》のスペイン人マニュエル・ケソンをフィリピン人代表のように装《よそお》って傀儡《かいらい》大統領に据えて植民地支配を継続していた。

談話は大恐慌後の世界に触れる。「欧米諸国」が植民地の膨大な労働力と資源を足場に排他的経済圏を維持するという「新しい国際秩序」を創《つく》っていった。

日本はその白人のエゴが生んだ「国際秩序」に挑戦し「酷寒の、あるいは灼熱の異郷の地」まで出て戦ったけれど敗れてしまった。

歴史とは多くの国々のエゴで織りなされる。独り舞台でなく、そういう群像を舞台に置くことで歴史はよく見えてくると安倍談話は言っている。

元駐日英大使ヒュー・コータッチもそう読んだ。彼は激怒した。「日露戦争が植民地の民を勇気づけただと。とんでもない。朝鮮を植民地にし満洲を取るためじゃないか」（ジャパンタイムズ八月十八日）

「大恐慌の不況は日本より英米の方が酷かった。許せぬ言いがかりだ」（同）

念のために言えば英国では十九世紀まで家の窓まで税金をかけた。植民地をもってから窓税は廃止され、ロンドン市民の半分は住み込み女中を置けた。大恐慌後も女中はい続けた。

しかし植民地がなくなった今、女中はいない。英国は二百年前の貧乏国に戻った。日本が植民地の人々を勇気づけたことへの恨みは深い。コータッチはだから怒り狂ったのだ。

朝日新聞は安倍談話が出た翌日の社説で「何のために出したのか」と書いている。意味が分からなかったらしい。

論説主幹の大野博人《ひろひと》は談話には侵略と植民地化と反省と謝罪を入れろと言ってきた。それが正しく入っているかどうかにしか興味がなかった。

だからたぶん、大野は今もコータッチが何で怒っているのか分からない。歴史を云々《うんぬん》する前にまず日本語の読解力を身につけて欲しい。

（二〇一五年九月二十四日号）

日本人にあって韓国人に絶対ないもの

その国の名を聞くといろいろな思いが浮かぶ。

例えばロシアだと昔は松前藩藩士の目を潰《つぶ》した野蛮人という印象だったが、最近はザゴールスクのマトリョーシカ博物館を思い出す。

ロシア人はあれで律儀な一面があって、マトリョーシカは「この箱根の入れ子細工を真似して作りました」と博物館に並べて飾っている。

新幹線のノウハウを日本から教わったくせに「すべて中国オリジナル」と開き直る国とは大違いだ。

従って中国と言えば高架からぶら下がる「新幹線もどき」がすぐ浮かぶ。

韓国はというと……。何も出てこない。強《し》いて挙げれば半世紀前に走ったソウルから仁川への道か。

雨模様で、フロントガラスは撥《は》ねた泥ですぐ視界が奪われた。ウインドウォッシャーなんて気の利いたものはなかった。少し走っては車を道端に停めて運転手が窓を拭いていた。

何回目かに停めたときに傍らを清流が下っていた。川床は岩ででき、砂利とか泥は一切なかった。その清冽《せいれつ》さとほかのすべての汚さとの対比が凄《すご》かった。

印象がそこで止まっているのは、それを差し替えるいい記憶がその後、何もなかったからかもしれない。

日本がせっかくいい国にしてやったのに。朝日新聞の創った慰安婦の嘘《うそ》を嘘と知りながら騒ぎ立てる。果ては戦争もしないのに日本海軍の旭日旗は侵略の象徴とか言って騒ぎ出す。実に鬱陶《うっとう》しい。

韓国中央日報紙のアンケートでは「日本人の一四パーセントが韓国に好感を持つ」とあった。言い換えれば八六パーセントが韓国嫌いということだ。

週刊ダイヤモンドが日本人ビジネスマン五千人をアンケートしたら七九パーセントが韓国を嫌い、同じく七七パーセントが仕事上も韓国など「なくていい」と答えている。

朝鮮半島がなくなった地図を想像してみる。日本海は途端に大きくなって清々しさすら感じさせる。

日韓両国の思いはこの点でほぼ一致するから付き合いをやめればいいと思うが、そう言いながら韓国人には昔から日本人への強い憧憬《どうけい》がある。

例えば立原正秋。日本に帰化すると長身瘦軀《そうく》の彼は着流しに総髪というまるで時代劇に出てきそうな日本人のスタイルを好んだ。

彼と親交のあった文芸記者の金田《かねだ》浩一呂《こういちろ》から聞いた話だが、それが日本人より様になっていたという。

金田記者のコラムに鎌倉の立原の家に寄ったときの話がある。「話をしている間、応接間の隅の丸椅子に和服姿の夫人が端然と腰を下ろして用を待って微動だにしなかった」

日本人の亭主で自分の奥さんにそこまでやらせる者はいない。ただ杉山元《はじめ》元帥の夫人啓子ならそういう挙措《きょそ》が似合ったかもしれない。

彼女は終戦の日、疎開先の山形から喪服をもって帰京した。生きたまま出迎えた杉山に「まだ自決していなかったのですか」と問うている。

杉山は夫人にせっつかれて三週間。やっと司令官室で拳銃自殺する。

夫人はその報を電話で受けたあと喪服に着替え、裾が乱れぬように下帯で膝を縛ったうえ、懐剣で胸を一刺しにして自決した。

正秋のごとく、日本人になりたかった一人に新井将敬《しょうけい》がいる。

政界に入って有望視されながら証券会社の恫喝疑惑が出て、国会で逮捕許諾決議が可決されそうになった。明日は逮捕状が執行されるという夜、彼は品川のホテルで縊首《いしゅ》した。

家に着替えを取りに帰っていた夫人は戻ってきて部屋の外でその異変を察知したという。「思いを遂げさせるために三十分待ってドアを開けました」

日本人の男は本当は夫人が仕切って初めてちゃんと居住いが正せる。そういうことが案外知られていない。

もう一つ。日本人は慎み深さを大事にする。日本名を名乗るときもそれを心がけねばならない。

例えば瑞穂《みずほ》。日本人は畏《おそ》れ多いから、名前にするときは水穂とか当て字にする。

そういう慎ましさに欠けると「やっぱり」とか思われる。

（二〇一六年二月二十五日号）

白人もウソをつく日韓の歴史

マンハッタンから汽車で二時間、鄙《ひな》びた海辺にストーニーブルック大がある。

これでもニューヨーク州立大の一つながら歴史も浅く知る人も少ない。

ただ、そこで経済学を教えるノア・スミス先生は少しは知られていて、日本についても度々驚くような警句を発している。

この前は日本の貧富の差が酷い、今や米国の上をいくと分析していた。

この白人准教授は日本にはゴーンとか孫正義《そんまさよし》とか外人富豪は山といても日本人富豪はせいぜい舛添《ますぞえ》要一しかいないことを知らない。

その舛添も好きに乗り回していた公用車の代金を請求され、間もなく富豪枠から外れてしまう。

一方の日本の貧乏人は凄い。まじめに働くより高額の生活保護費が貰え、しかも国籍は問われない。

米国ではオバマケアが難航しているが、日本の貧乏人には掛け金なしでも健康保険はつく。在日など税金も払っていない外人永住者もただ貰える。

おまけに先進医療国では六十歳制限がつく透析などの高額医療も日本では制限なし。日本の貧乏人は世界一リッチな貧乏人だ。

日本では在日とか老人とか「弱者」が幅を利かせ国費を浪費し、金持ちにたかってともに貧しくなっている。スミス先生はその実態を知らない。

そんな無知な白人准教授が今度は「白人が植民地を搾取《さくしゅ》して豊かになり、植民地は貧しいまま残ったという説は大間違いだ」と言い出した。

植民地支配は酷かった。例えば「英国はインドで小麦畑を潰して阿片を植えさせた。結果、大飢饉を何度も招来し、インドは痩せ細り、もっと貧しくなっていった」。

一方の英国は奪った富を元手にして「工業化を推し進め、蒸気機関を発明し、織機を機械化し、結果、もっと豊かな富を手に入れた」。

そんな酷い目に遭った「植民地が今は凄く豊かな国になった例もある」と言う。

どこかというと「韓国に台湾にシンガポール」だと。

よく言う。韓国も台湾もスミス先生が規定する「白人が略奪した植民地」ではない。日本が支配した。

そこでは搾取どころか逆に宗主国が学校を建て、医療環境を整え、インフラを整備し、発展を促した。

「まだ古代だった韓国」（古田博司筑波大教授）が一足飛びで近代国家になれたのは日本の三十六年間の統治のおかげだった。

シンガポールも日本支配を受けて目覚め、日本を手本に自立できた。

スミス先生がここで引用すべきは彼のコラムでも言及した「中央アフリカ」だろう。ここは金、タングステン、ウランなど豊富な地下資源があり、換金作物のコーヒーもよく実った。

貧しくなりようもない国はベルギーが資源を奪ったうえ、住民のツチ族とフツ族を争わせ、今も血みどろの殺し合いが続く。植民地支配が国も民も破壊した最高にいい見本だ。

そういう自分たちの植民地経営は隠しておいて、日本の支配地に話を挿《す》げ替えて自分たちの植民地支配を正当化するのは詐話師《さわし》の口上だ。

朝日新聞前論説主幹の大野博人が同じような白人の先生バラク・クシュナーを恭《うやうや》しく取り上げていた。

米国出身のケンブリッジ大准教授は戦後の中国を論じ、蔣介石《しょうかいせき》は「公正」で毛沢東は「道徳の分かる寛容さを示した」という。

でも蔣介石は白人列強に媚《こ》び、アジアを裏切った男だ。

毛沢東は「餓死者は畑の肥やしにいい」と言った人物だ。ともに傲慢《ごうまん》と虚飾が持ち味で、その延長線上に今のチベット、ウイグルの侵略や南沙侵奪がある。

しかしそんな現実をこの先生は見ようとしない。

いい中国に対して日本人は冷淡で日本支配時の協力者、漢奸《かんかん》の末路にも「関心も払わない」とヘンな因縁をつける。

言葉の端々に白人は常に正しい、我々がお前らを公正に判断してやるという傲慢さが滲《にじ》むが、大野はひたすら迎合して頷《うなず》く。

因《ちな》みに彼は英会話の先生として来日し、ラーメン文化について『Slurp!（ずるずる）』を書いている。行間に傲慢と侮日《ぶにち》が滲む。

そこを中国に見込まれたか「顧若鵬」の名を貰い、今は北京の宣伝屋を務める。
朝日が白人崇拝するのは勝手だ。だからと言って屑《くず》白人をさもよさそうに取り上げるのはやめよう。

（二〇一六年八月二十五日号）

朝日と韓国はこんなに似ている

「吉田清治《せいじ》が済州島で朝鮮人女を狩り出し、慰安婦にした」という話は真っ赤な嘘でしたと朝日新聞がやっと認めたのは三十年も経ってからだった。

その間、松井やよりが済州島を釜山《プサン》に変えて「日本人巡査が朝鮮女を攫《さら》った」という捏造《ねつぞう》記事を書いた。吉田清治スピンオフ作品第一号だった。

植村隆はソウルを舞台にして妓生《キーセン》と日本軍人の話を書いた。スピンオフ第二弾だ。

そういう嘘の積み重ねを指摘したのが実は新聞でもテレビでもなかった。

首相就任直前の安倍晋三が「吉田清治というペテン師の話を朝日新聞が広めている」と記者が居並ぶ前で告発した。

メディアが政治を壟断《ろうだん》してきた。田原総一朗は首相のクビを何人も取ったと言った。

朝日も「安倍の葬式はうちが出す」と言った。

その首相から挑戦状を叩きつけられた朝日はこじつけでもいいから言い逃れを懸命に考えたが、ダメだった。社長の木村伊量《ただかず》は結局、自分のクビを差し出した。

後を継いだ渡辺雅隆は慰安婦の嘘を産んだ大阪社会部の出身だった。吉田清治を掘り出した清田治史は先輩で植村は同輩だった。

それで編集が嫌になったか、労務担当になった。朝日を称して「アカが書きヤクザが売ってバカが読む」という。そのヤクザを統括する役目だった。

新社長になったとき、嘘も気にしない「意識」と、裏も取らない「手法」を改めて「偏らない公正さ、多様な意見を入れる謙虚さ」を約束した。

しかし書く方のアカはその約束をどうしたか。

例えば編集委員の大野博人はマッカーサー憲法が公布された十一月三日の紙面で「あの憲法を米国からの押しつけだから嫌だという人たち」を嘲笑《あざわら》った。

あの憲法のままでは将来への不安がある。日本人が書いた憲法にすればいい時代が来るなんて「幻想」だと決めつけた。

人はいろいろな意見を持つ。それを受け止めるのがこれからの朝日だと言ったヤクザの統括者の約束など気にもしていない。

押しつけ憲法でいいじゃないかという主張に朝日お抱えの憲法学者、長谷部恭男《はせべやすお》も座興を添える。「米国が押しつけたのが嫌というなら明治憲法も押しつけではないか」と。

ペリーが押しつけたのかとびっくりするが、そうじゃない。「憲法を作る権力を持つ主権者の国民に明治政府が押しつけたじゃないか」

網野善彦じゃあるまいし、日本の歴史に主権者なんて表現はなじまない。百歩譲って押しつけだとしても明治政府は日本人が仕切っている。

マッカーサーの押しつけとは次元が違う。

長谷部にはその違いが分からないらしいから今年三月、那覇市のビジネスホテルで起きた泥酔《でいすい》婦女暴行事件を例にとってみる。

以下は朝日の記事だ。「知人らと観光で沖縄を訪れていた四十代の女性会社員が前夜、飲酒した後、宿泊先のホテルの廊下で寝込んでしまった。目が覚めたら見知らぬ男のベッドにいた。犯されてはいなかった。抜け出して警察に通報し、見知らぬ男は準強姦《ごうかん》の容疑で緊急逮捕された」

沖縄では年間六十件の強姦が起きている。ただ警察は発表もしない。今回も泥酔者を親切にベッドで寝かしてやった犯人が日本人だったら警察が動いたかどうか。状況も曖昧で現に犯人も部屋で寝ているところを捕まっている。

それを上記のように大きな記事にしたのは犯人が米国人だったからだ。

朝日は日本人では騒がないが、米国人だから騒いだ。「米国人が日本人を犯しそうになった」と、民族感情に訴えた。

吉田清治の嘘を朝日新聞がでっかく書いたのは慰安婦にされたのが「朝鮮人」という設定だったからだ。慰安婦が日本人ではネタにもならない。

「日本人が朝鮮人女を拉致《らち》した。慰安婦にして、戦場で強姦した」と創ったからこそ慰安婦問題が大騒ぎできる材料になった。

朝日新聞はずっと民族ネタを大切にして、それで飯のタネにしてきた。

ただ憲法に限って米国人が書いても問題ないという。

この辺が民族派新聞になり切れない朝日の頭の悪さなのかもしれない。

（二〇一六年十二月一日号）

大統領が平気でウソをつく韓国の国民性

韓国の人は「日本は大陸制覇の足掛かりに半島を植民地にした」と言う。

でも誓って言う。日本は昔からこの半島が鬱陶しく、できれば縁を切りたいと思ってきた。

そのわけを筑波大の古田博司先生は「百年前、そこは古代だったから」と端的に説明する。

そこの国は昔から日本にやたらまとわりついた。

室町時代。あちらで言う世宗《せいそう》の時代に三度、使いがやってきた。本当はその何倍もが試みたが、たいした船もないからほとんどが対馬《つしま》海流の藻屑になった。

やっとたどり着いた最初の使いは鍍金《めっき》や紙漉《かみす》きのやり方、それに灌漑《かんがい》用の水車の作り方を知りたがった。

日本人は親切に教えてやった。

暫くしてまた苦労して彼らがやってきた。今度は何を学びたいのか聞くと頭を掻きながら前に教えてもらった水車の作り方などをもう一度教えてほしいという。すぐ忘れる国民性だった。で、また教える。それを江戸時代まで繰り返した。

明治になって行ってみたら水車もなければ木の桶もない。土器で煮炊きする「古代が広がっていた」という次第だ。

進歩どころか退行していく民。それが日本人的にはとても嫌だったが、ただ彼らの棲《す》む半島は日本の脇腹に突き付けた匕首《あいくち》に似る。

その地政学的存在ゆえに日本は中国、ロシアと戦争する羽目になった。

鬱陶しい上に剣呑《けんのん》な古代人とはもう縁切りしかないと日本人は心に決めた。

しかしそれを阻《はば》んだのがセオドア・ルーズベルトだった。彼は日露戦争のあと、在朝鮮の米公館をすべて閉め、外交官をみな引き上げてしまった。大使の一時帰国どころの騒ぎではなかった。

朝鮮側は驚いた。翻意してと頼んだが、セオドアは「お前たちには自治の力もない。

日本に面倒を見てもらえ」と言った。

彼はさらに「日本がそうすることは白人の重荷ならぬ黄色の重荷を担《にな》う日本の明白な使命だ」（J・ブラッドレー『テディが日米戦争を起こしたのか』）と言った。

「白人の重荷」とはラドヤード・キプリングの詩にある言葉だ。白人は野蛮で幼稚な未開人の地に行って、彼らを啓蒙しろ。それが文明の民、白人の担った崇高な使命だと。で、どう啓蒙するのか。この大統領発言と同じ時期、米下院議員ジョージ・フォスがマニラで演説している。

「我々は神に課せられた義務として無能なフィリピン人に自由と独立の素晴らしさを教えねばならない。偉大な建国の父がニューイングランドで原住民に行った啓蒙の作業をここでもう一度やるのだ」（渡辺惣樹『日米衝突の萌芽』）

ニューイングランドでの建国の父とは例の「丘の上の町」を語ったジョン・ウインスロップを指す。

彼がそこでやったのはインディアンを殺して丘を奪い、その死骸で丘の下を埋め尽くすことだった。

マニラでも米国人は同じように植民地化に抗《あらが》うフィリピン人を殺しまくった。白人の

「啓蒙」とは目障りな者たちをぶち殺すことだった。

しかしセオドアは日本人が白人式の啓蒙をするとは信じていなかった。

日本人は「無能で野蛮で、集まれば争い、分裂する朝鮮の民」でも本気で教え導こうとするだろう。それは文字通りの「重荷」になる。日本の国力を十分に消耗させると読んだ。

その読みは当たった。日本は国家予算の二割を注ぎ、彼らに戸籍と教育と文明を与えた。

世宗が仮名に倣《なら》って創った諺文《ハングル》も掘り出して教えた。ケンチャナヨ《いい加減》も嘘も悪いことだからやめなさいと諭《さと》した。

しかし日帝支配が終わると彼らはセオドアの言う通りにすぐ争い、分裂した。ケンチャナヨもすぐ復活し、彼らが漢江《ハンガン》に架けた橋は人と車ごと落ち、彼らの建てたデパートはたくさんの客ごと崩壊した。

先日は韓国工芸界の泰斗とかいう李七竜が「螺鈿《らでん》は日帝支配時代に韓国の職人が日本人に教えた」と言いだした。

螺鈿はそっちが鍍金の技術を学びに来たときに見せてやったものだろう。嘘はだめと教えたのも無駄だった。
日本は大使一時帰国を機に今度こそ果たせなかった絶縁を考えたい。
（二〇一七年二月二日号）

本書は小社刊行の「変見自在」シリーズより再録し再編集したものです。

高山正之　Takayama Masayuki

1942年生まれ。ジャーナリスト。65年、東京都立大学卒業後、産経新聞社入社。社会部デスクを経て、テヘラン、ロサンゼルス各支局長。98年より３年間、産経新聞夕刊１面にて時事コラム「異見自在」を担当し、その辛口ぶりが評判となる。2001年から07年まで帝京大学教授。著書に変見自在シリーズ『サダム・フセインは偉かった』『スーチー女史は善人か』『ジョージ・ブッシュが日本を救った』『オバマ大統領は黒人か』『偉人リンカーンは奴隷好き』『サンデルよ、「正義」を教えよう』『日本よ、カダフィ大佐に学べ』『マッカーサーは慰安婦がお好き』『プーチンよ、悪は米国に学べ』『習近平よ、「反日」は朝日を見倣え』『朝日は今日も腹黒い』『トランプ、ウソつかない』『習近平は日本語で脅す』（いずれも新潮社）、『高山正之が斬る　朝日新聞の魂胆を見破る法』（テーミス）などがある。

韓国《かんこく》への絶縁状《ぜつえんじょう》
変見自在《へんけんじざい》セレクション

著　者　高山正之《たかやままさゆき》

発　行　2019年3月15日

発行者　佐藤隆信
発行所　株式会社新潮社　郵便番号162-8711
東京都新宿区矢来町71
電話：編集部　03-3266-5611
読者係　03-3266-5111
https://www.shinchosha.co.jp
印刷所　株式会社光邦
製本所　加藤製本株式会社

ISBN978-4-10-305884-7　C0095
価格はカバーに表示してあります。